大学英语特色教学法研究

国静嘉 ◎ 著

吉林出版集团股份有限公司

图书在版编目（CIP）数据

大学英语特色教学法研究 / 国静嘉著. — 长春：
吉林出版集团股份有限公司，2024.8.— ISBN 978-7
-5731-5848-2

Ⅰ. H319.3

中国国家版本馆CIP数据核字第2024RS7337号

大学英语特色教学法研究
DAXUE YINGYU TESE JIAOXUEFA YANJIU

著　　者	国静嘉
责任编辑	聂福荣
封面设计	林　吉
开　　本	787mm×1092mm　　1/16
字　　数	175千
印　　张	13.5
版　　次	2024年8月第1版
印　　次	2024年8月第1次印刷
出版发行	吉林出版集团股份有限公司
电　　话	总编办：010-63109269
	发行部：010-63109269
印　　刷	吉林省恒盛印刷有限公司

ISBN 978-7-5731-5848-2　　　　　　　　　　　　定价：85.00元

前　言

在当今全球化的时代背景下，英语作为国际交流的主要语言，其重要性日益凸显。大学作为培养高素质人才的重要基地，其英语教学不仅承载着传授语言知识的基本任务，更肩负着培养学生跨文化交际能力、创新思维能力和自主学习能力的重要使命。因此，探索并实施具有特色的大学英语教学法，对于提升教学质量、促进学生全面发展具有深远的意义。

近年来，随着教育改革的不断深入，大学英语教学面临着新的挑战与机遇。一方面，传统的"填鸭式"教学模式已难以满足当前社会对高素质英语人才的需求。另一方面，信息技术的飞速发展为英语教学提供了更加多样化的教学手段和丰富的教学资源。在此背景下，研究并实践具有时代特色的大学英语教学法，成为广大教育工作者亟待解决的重要课题。

本研究旨在通过深入分析当前大学英语教学的现状，结合国内外先进的教学理念和教学方法，探索适合我国大学生特点的英语特色教学法。

相信通过本研究的深入探索和实践，将能够为我国大学英语教学的改革与发展提供有益的参考和借鉴，推动大学英语教学质量的持续提升，为我国培养更多具有国际竞争力和跨文化交际能力的高素质英语人才贡献力量。

国静嘉

2024 年 2 月

目　录

第一章　大学英语教学的理论基础及现状

纵观大学教育发展现状，英语教学在促进社会发展和培育综合性实用型人才方面发挥了不可磨灭的作用。但是语言并非一成不变的，而是随着社会的发展而不断变化和进步的。因此，针对这种情况，高校教师在实施英语教学的过程中也要与时俱进，适时调整策略以符合和满足学生的实际需求。但是英语对于我国来说，始终是一种外来语言，与我国的语言使用习惯是有所差异的。这就要求高校在开展英语教学改革过程中要从实际出发，充分考虑我国的国情和当代大学生所具备的英语水平，以及教学大纲的要求等综合情况。

第一节　英语教学的理论基础

英语教学活动是基于一定的理论知识建立起来的，因此具有科学性。只是这些理论又分为不同的分支，各理论的研究者研究的方向不同，所以产生的理论也各有侧重点，这就导致最终对英语教学结果的影响也有所差异。提高学生对英语基础知识的认识和了解可以在一定程度上促进英语教学朝着更加科学和有效的方向发展。以下列举一些常见的英语教学理论进行逐步阐述。

一、结构主义理论

在整个英语教学过程中，结构主义理论一直起着至关重要的作用，并且在 19 世纪和 20 世纪上半叶一直处于重要位置。下面就结合英国和美国的研究成果进行举例说明。

（一）美国的结构主义理论研究

美国的结构主义理论研究，是以对印第安人的口语研究为基础，然后再经过不断发展形成的相对成熟的基础理论。语言学家通过符号语言将印第安人的口头语完整地记录下来，然后从各个角度对这些被记录下来的样本展开研究，希望通过这种方式找到语言之间相同的部分。最后，这些语言学家得出的结论是，语言是一个意义语码化了的系统。

音位、词素、单词、结构和句型共同构成了结构成分，并且运用到了整个语言系统中。美国研究结构主义语言方面的专家在经过一段时间的研究之后，将有关印第安口语方面的研究方法应用到了其他有共同之处的语言分析中，但是结果却显示出口语与传统语法之间是存在一定区别的。

美国结构主义语言学家认为，某些观点指出的"口头语因其不规范性而受到传统语法的排斥而被视为是错误的语法表达"这种观点是不够全面的。这些学者都觉得口语的表达方式摆脱了传统语法规则的限制，具有更大的灵活性，如果要进行语言的学习就需要以口语为突破口，然后逐步深入。而这种口语学习主要指的是向那些以这种语言为母语的人来进行学习，不是照搬语法课本上有关这方面内容的描写那样进行学习，还要顾及什么是不可以说的。此外，语言学家在对这一过程进行分析和研究中发现了语言都有各自的特性，表现在词素、音位和句法这三个系统中也是有所差异的，并且也会因为语言的不同而导致在这三个系统中的成分和结构都不同。所以，大学生在学习英语的过程中还要特别留意这些语言之间的异质性。

美国结构主义语言的研究在某个层面可以说是有关英语教学新研究的先行者，并且研究的成果为后面开展外语教学提供了重要的理论依据，其意义重大。

1961 年，在第九届国际语言学家会议上，美国语言学家威廉·莫尔登所进行的演讲对教学法在实施过程中应该遵循的主要原则进行了明确指示和总结。其内容可以概括为："语言应该是一种口语形式，而不是标准的书面形式的语言……语言应该是一套行之有效的行为习惯……教师向学生教授的应该是语言，而不是传授有关的语言知识……语言指的是以该种语言为本族语的人的日常说话方式，而不是个别人想当然地认为他们可以自由发挥……各种语言都是有所差异的，不会完全一样……"

通过上面这一段有关语言的描述，我们可以发现其中有关结构语言观的具体形式，这是学者对结构语言学的最直观表达和总结。另外，这些原则的叙述对听说法的建立和发展起到了直接的决定性影响，在此基础上久而久之就形成了一种新的语言形式——听说法的语言观。

（二）英国的语言结构研究

相对于美国对结构主义理论研究做出的贡献，英国也不甘落后，并且成果显著。只不过英国语言学家对语言结构的研究更多的是将注意力放在了对句型结构的研究上。

其中具有代表性的人物要数英国语言学家帕尔默和霍恩比两个人了，从 20世纪初期他们和另外一些语言学家就一起着手对英语句型特点的分析和研究工作。并且还从句型对英语语法的影响角度进行了总结，这一思想和理论在霍恩比所著的《英语句型和惯用法》一书中有全面的体现，以便让后面的学者进行学习和借鉴。

霍恩比在上述所著的书中，将研究重点放在了英语的动词和句型上，最后得出的结论是英语句型包括 3 种形容词句型和 6 种名词句型在内总共 25 种。值得一提的是，这本书在对句型的意义进行说明和解释句型之间转换性的过程中运用了大量的语言实例来作为辅助材料，这在一定程度上增强了本书的可读性和价值。

这一理论在如今依然适用，并且霍恩比等学者对英语句型的分类与描述在新出版的《牛津高级现代英汉辞典》中仍有体现，可见其划时代意义非同一般。前期这些英国语言学家所进行的有关语言和句型结构方面的研究都成为后期情景教学法的参考来源。

二、行为主义学习理论

行为主义学习理论诞生于 20 世纪 20 年代的美国，其中以华生的研究最为突出，因此华生成为早期行为主义理论的代表人物。华生对行为主义研究的重点放在了动物和人的心理这两个重要方面。他比较注重客观事实，主张直接观察到的行为也要用客观的方法来进行研究。华生认为人和动物的行为在某些方面具有很大的一致性，即刺激和反应。心理学所研究的只是局限于表面的刺激如何引起和决定反应的发生，而产生这种行为的内部过程是怎样的就不再去深究了。华生认为动物和人一样，所有复杂行为的产生都是在一定外部环境的作用下通过学习实现的。针对这种理论他提出了著名的刺激–反应（S–R）公式，也就是行为主义心理学的公式。

该理论主张学习是一个人外在可见的行为表现，学习行为的产生依赖于一定的外界刺激，学习者对这些外界刺激做出反应便产生了相应的反应，这些反应就称为学习行为。后来行为主义学习理论得到了人们的普遍认可，被广泛应用于教育实践。该理论要求教师引导学生的学习行为并纠正学生的不当行为，要努力为学生创设适于学习的环境。教师也要看到学生身上的闪光之处，要最大限度地鼓励和强化学生适宜的学习行为，相对削弱其不适宜的学习行为。但是，行为主义学习理论也存在一定的弊端，该理论将教师的位置和作用看得过于重要，教师在教学中占据着主导地位，而学生是教师灌输知识的对象，教师的职责就是向学生传授知识，而学生只要根据教师的教导消化和吸收所教给的知识即可。该理论并不注重学生学习的主动性和创造性，在很大程度上抑制了学生的创造天赋。

早期的行为主义还不够成熟，对语言和言语行为的研究还没有通过科学的实验方法进行有效验证，不过 S–R 公式对后续结构主义语言学的产生起到了重要作用。其中值得一提的就是美国结构主义大师布龙菲尔德（L. Bloomfield）代表作《语言论》的产生就与 S–R 公式的作用密不可分，并且在书中该公式理论清楚可见。他在书中采用了杰克（Jack）让吉尔（Jill）摘苹果的例子来对 S–R 的语言行为模式展开进一步的说明。在具体的论述过程中，它特别注重作为声音 S–R 言语行为的研究，他认为 S–R 是物理的声波，并将其运用到实际的语言教学过程中。简单来说，就是在语言教学过程中，首先由教师对学生产生声音刺激，然后学生再根据声音刺激做出相应反应。

同样地，对华生的行为主义进行了相应继承和发展的还有美国学者斯金纳。1957 年，斯金纳出版了《言语行为》一书，他认为言语都不是主动生成的，而是由外界某种刺激而来的。这里所说的"某种刺激"并不是一个特定指向，而是既有外部的因素也有自身内部的因素。同时，言语行为不断得到强化的过程也正是学生们获得适合的语言形式的过程。我们可以理解为，如果没有强化作用的存在，也就无法获得相应的语言知识。我们可以简单总结行为主义的学习模式。

行为主义和听说法在一定程度上存在着十分紧密的内在一致性。从某个角度来说，听说法的建立与行为主义中语言学习理论的支持是分不开的。语言的学习和掌握是一个复杂的过程，即刺激 – 反应 – 强化，而且也不是一蹴而就的。反映到实际的教学过程中就是学生需要根据教师的讲授过程而做出自己的反应，以表示这个过程是有效的。而此时教师的责任就是对学生的这一反应过程进行进一步的加强，然后再根据学生的反应进行分析和判断，最后选出正确的并使其反复应用。需要注意的是，教师在教学过程中要特别注意培养学生良好的学习行为，对错误的行为应进行及时指正。

三、二语习得理论

二语习得理论是英语教学的重要组成部分，其研究主要包括国内和国外两个方面，下面就从这两个方面分别进行讨论。

（一）国外的二语习得研究

在对一些资料进行学习和研究的基础上，以各阶段的发展顺序为主线，将整个的二语习得研究分为以下五个阶段进行论述。

1. 20 世纪 50 年代以前

20 世纪 50 年代以前，人们还是以行为主义理论认识为基础来对母语与第二外国语言进行区别和划分。在这一时期，语言学家也进行了很多研究并发表了一些相关作品。只不过，此时也出现了一些与这些行为观点和理论相反的言论，甚至是强烈反对，为首的是语言学家诺姆·乔姆斯基，只不过这些相反言论并没有引起社会和大众的足够重视，依然还是以行为主义论为主旋律。这一时期的二语习得理论还处于发展和研究阶段，距离发展成为一门独立学科还需要一定的努力。

2. 20 世纪 60 年代

20 世纪 60 年代早期，人们开始关注和研究第一语言习得理论中的儿童内在语法，这些研究都为后来的二语习得理论研究起到了一定的辅助作用。

这一时期的主导性理论是以乔姆斯基的理论为代表的。这一时期后期，二语习得理论的研究和发展迅速得到提升。从这个角度来说，二语习得理论的研究才开始进入白热化阶段。这一时期，研究者关注的是语言教学法和教学质量提升的方法，最重要的还是研究人们通过什么样的方式来进行第二种语言的学习。

3. 20 世纪 70 年代

到了这一时期，对二语习得研究的重点转移到了学生的身上。这一阶段产生的中介语理论可以说是在全世界范围内引起了强烈反响，甚至有人形象地将其比喻为学术界的第二次革命。

4. 20 世纪 80 年代

到了这一时期，二语习得理论研究的重点又转向解释第二外国语习得和理论的测试方面，并相继出版了相关作品。

这一阶段，得到突出发展的是普遍语法和第二外国语习得理论这两种理论。人们对二语习得理论的研究热情越来越高涨，很多人为此花费了很大的精力。很多研究者更是倾注大量的心血致力于二语习得和语言教学之间的内在联系，并取得了相应成果。

5. 20 世纪 90 年代以后

20 世纪 90 年代以后，很多研究者将研究的重点转向了研究学习者通过什么样的方式可以获得相应的第二语言上，这一时期二语习得理论得到了空前发展和繁荣，各学者的观点和研究层出不穷，出现了百花齐放的局面。

到了 21 世纪，研究者的研究重点又发生了变化，这一时期人们重点研究的是对学习产生影响的各种外界社会文化因素的层面，同时也有相应的理论著作诞生。这一时期具有代表性的理论要数社会文化理论和认知理论了，有关这两个方面的研究也是层出不穷。

（二）国内二语习得的研究

我国关于二语习得理论的研究相对于其他国家来说，开始得比较晚，这也造成了研究成果与其他先起步的国家相比产生了很大差距，其实这与我国的发展历史是有一定关系的。在相关理论的支持下，我国二语习得理论的相关研究分为以下三个阶段。

1. 1984—1993 年

这一时期，人们对二语习得理论的研究还处于初级阶段，关注的主要是介绍、探讨和初步应用方面。对我国来说，开始真正意义上二语习得理论的研究是到了 20 世纪末才开始萌芽的。1984 年，当时北京外国语大学胡文仲教授的一篇名为"语言习得与外语教学——评价克拉申关于外语教学的原则和设想"的文章得以在《外国语》杂志上发表，这在当时引起了极大的轰动，他可以说是我国研究二语习得理论的第一人，这标志着我国开始正式进入了二语习得理论的研究阶段。

从这以后，我国有关二语习得理论的研究文章出现在国内的各大期刊中，并且迅速传播开来。这一时期的研究内容主要包括中介语研究二语学习者的相关因素等方面。

2. 1994—2004 年

这一时期是我国的二语习得理论研究平稳发展和趋于完善的阶段，到了这一时期，我国的二语习得研究已经取得了相应进步，可以说已经比较完善了，研究内容主要涉及以下四个方面。

（1）研究类别向外进行扩张，主要包括理论和实际应用两个方面。

（2）研究方法多样，包括思辨式、经验型文献研究、逻辑式和更具科学化的实用性研究等。

（3）研究层面提升，我国有关二语习得的相关研究开始的时候只是停留在语素、语音、语法这三个层面，到了这一时期逐步向话语和应用的方向靠拢。

（4）研究对象得以发展，并且有关的学术研讨会还专门成立相关的二语习得研究专题进行讨论。

这一时期，有关二语习得理论的相关文章相继得到发表，而且高校内还专门设立了相关的专业供大家学习，这使得我国有关二语习得理论的研究又上了一个新台阶。

3. 2004 年至今

2004 年发展至今，我国有关二语习得的研究也在不断地进步和发展，不再是过去单纯地存在于认知方面了，而是逐渐向认知与社会文化相结合的研究方向进行转移。

社会文化理论的发展同时为二语习得理论的研究提供了帮助。

通过我国二语习得理论的相关研究和取得的成果，我们发现我国学者的相关理论对国际上关于二语习得研究的发展也做出了一定贡献，不过，该领域的很多问题还没有得到根本解决，而且将来一定还会遇到更多的困难，因此需要我们更加不懈努力地进行探索和研究。

四、对比和错误分析理论

对比和错误分析理论一直是我国英语教学发展进程中一个不可忽视的理论，以下就对其进行详细分析。

（一）对比分析与迁移

对比分析是一种应用性对比分析研究的理论，它的产生与行为主义心理学中的联想理论和刺激反应理论有着密切关系。以对比分析为基础可以帮助解决外语教学过程中所遇到的一些问题，还可以分析出存在的原因，以此来促使语言学习行为的形成。

20 世纪 60 年代以前有关对比分析理论的呼声就有了，而且将语言学习定义为是一种语习惯从母语向外语进行迁移的过程。如果教师在进行外语教学以前就对所学语言和母语之间的区别进行了研究的话，那么就会很容易发现其中存在的异同点，也能提前做出预防措施。当时人们对这一方法很是认同，认为只要知道了母语和外语之间的差异，就可以对可能出现的问题进行一定程度的预测，即使是错误已经产生了，也可以在对比分析的作用下得到相应解决。

其中关于这一理论的阐述有很多，比较具有代表性的要数美国语言学家拉多在 1957 出版的图书《跨文化的语言学》，书中，拉多将在二语习得过程中所遇到的问题与难题归结于受到母语的干扰，甚至从更深层次来说是母语与外语结构上的差异。由此我们得出，在实际的二语习得教学过程中应该致力于对语言结构差异问题的解决。通常来说，语言之间的差异越大，在学习过程中遇到的难点也就会相应地增加。根据这一结论，拉多认为在实际的二语习得教学过程中有关考试方向的确定、教学内容的选择和大纲设计的内容都要从对比分析理论层面进行考虑。由于不同国家所使用的母语不同，在进行教材的选择时也应该将这一因素考虑进去从而选择不同的教材。另外，拉多在他的书中还使用了举例子的方式来解释与对比分析。例如，学生所使用母语的方言因素也会在一定程度上影响英语学习的效果。

（二）错误分析

根据前面对比分析理论的解释，主要涉及母语和英语由于语言结构上的不同而导致的在学习过程中出现问题，并且两种语言之间的差异越大，母语对学生在学习中产生的影响也就越突出。如果教师可以掌握其中的规律，就可以了解对学生二语习得造成障碍的重要方面。只不过随着时间的推移，人们逐渐认识到母语并不是影响学生二语习得进程的唯一原因，甚至对对比分析预测出现的问题提出了质疑。基于这方面的原因，有些语言学家就开始致力于对外语学习者所产生错误的研究，并对这些错误的类型进行归纳和分类，然后分析出是什么原因导致这些问题出现。

学习者的错误可以分为两种，即"行为错误"和"系统错误"，例如下面的两个错误：

The thought of those poor children were really… was really…bothering me.

想到那些穷孩子就使我烦恼。

She teached me English.

她教我英语。

第一句话中出现的错误是使用者在使用语言时的"行为错误"，这种错误是比较容易发现的，大多都只存在于表面。其实在这一过程中，使用者是知道所使用语言项目的正确用法和所用场景的。

第二句话中有关语言使用不恰当的错误，我们又将其解释为心理语言学研究中的"系统错误"，另一种说法是"能力错误"，这种错误指的是学习者并没有意识到自身哪里出现了问题，从这个角度来说的话，这一错误就与学习者自身对语言的掌握能力有关了，并不是使用层面的问题，所以也就有了"系统错误"一说。

学习理论不同，对所呈现出来错误的看法也是不一致的。在行为主义心理学看来，人们对于语言的学习过程是刺激与反应的发生，第二语言的学习也不过是一套美好习惯的形成罢了。持这一观点的人认为学生在使用外语过程中所产生的错误在很大程度上与自身还不完美的习惯有关，因此教学所要达到的目标就是想尽一切办法避免这种错误的发生，比较有效的方法就是教师在课堂上使用合乎规律的句型进行演练。

（三）对英语教学实践的启示

"语言迁移"，字面的解释就是在母语的习得环境中学习的知识逐渐向外语进行迁移的现象。我国大部分语言学习者都是在掌握了母语使用规范以后才开始学习外语的，所以在学习过程中母语的适应习惯就会时时刻刻影响外语的学习，这一过程可以理解为"语言迁移"的副作用。从这个层面来说，迁移就有了正负两方面影响的区别。当外语与母语存在很大相似性时发生的是正迁移，当外语与母语之间既有所谓的相似性又有本质上的不同时，就相应增加了负迁移的发生概率。

正迁移是指朝着对学习语言习惯有利的方向进行转移的过程，当母语与外语的形式相同时就会发生正迁移，正迁移对学习者学习外语很有帮助。

负迁移对语言学习的作用在很大程度上是可以和"干扰"画等号的，是指按照母语的使用习惯和表达方式来描述外语的用法而带来的负面影响，会阻碍外语的学习。在实际学习过程中遇到母语负迁移的情况时有发生。其中在成年学习者的身上表现得比较明显。此时他们已经完全掌握了母语的表达方式和习惯，因此在外语的学习过程中就会不自觉地引入母语的概念，这时候出现的错误就可以理解为母语对英语学习的负迁移作用。这种情况发生比较多的是学习者刚开始接触英语学习时，英语对他们来说是完全陌生的语言，所以一切都会从母语出发，而且大部分的"中式英语"都是在这一阶段产生的。

根据行为心理学的研究结果，学生在英语学习过程中产生错误的原因归根结底还是自身缺乏英语习惯。因此，学生在学习过程中必须及时纠正出现的语言错误，教师则要起到相应的监督和指导作用，发现错误苗头就要及时纠正。因为错误无论大小，对于正确的语言行为来说是极为不利的。但是在实际情况中并非如此，拒绝一切错误并不是明智的选择，并不是所有的错误都会对学习产生严重影响，有的错误产生的影响是不明显的。从这个角度来说，教师要允许学生在学习过程中发生一定的错误，然后根据错误出现的类型进行有针对性的教学。例如，如果教师想要对学生重点进行句型方面的训练，那么教师就应该将精力放在对整体错误的识别上，制订有针对性的训练计划，而不是去搜集局部错误而浪费时间。

五、中介语理论

"interlanguage"，我们将其翻译为"中介语"，甚至可以将其理解为"过渡语"。中介语通常将自身所具备的母语作为起点，而第二语言的最终获得是终点，而中间的那部分内容都可以概括为中介语。"中介语"概念的出现最早是由英国语言学家塞林格提出的，这主要源于他在 1969 年发表的《语言迁移》，文中他首次使用了中介语这一概念。三年之后他又发表了一篇名为"中介语"的论文，进一步对中介语的概念展开了全面剖析，确立了中介语理论在二语习得研究过程中的中心地位，让人们对中介语有了更深层次的认识，将中介语的理论研究推向了高潮。在此之前，也有学者曾使用过"近似语言系统""过渡能力"和"特殊的语言"等近似的术语对这一理论进行过阐述，不过影响范围较为深远的还要数"interlanguage"这一说法。

中介语理论的产生与外语学习过程是分不开的。但是因为其既与学习者的母语不同，又与外语不一致的特性，决定了其只是在学习过程中随着发展进程的推进而发生动态变化的形式，这种动态性变化指的是不断地向目的语进行靠拢。而这种靠拢实际上就是母语向目的语的逐渐过渡，所以也就有了"过渡语"这一说法。说到要对中介语展开研究的目的，还要从探究第二语言的学习本质谈起，寻找到其中的规律性，从而为二语习得提供可靠的科学依据。

国内外有关中介语的研究一直没有间断过，始终处于发展阶段，但是涉及的方面主要还是停留在母语与第二语言的对比分析和学习者学习过程中的错误分析这两个方面。中介语的存在作用是帮助学习者在进行第二语言的学习过程中学会使用中介语进行母语向目的语的过渡，以实现最终可以熟练运用的目的。从这个层面来说，中介语对进行第二语言学习的学习者来说就是不可逾越的一个步骤，甚至可以说是一个动态的连续体。

在此基础上，我们可以总结出三种关于第二语言学习的不同观点，具体描述如下：

（1）学习者不管进行何种语言的学习，都和自己所持的母语是分不开的，都是以母语作为起点的。

（2）连续体都是以普遍语法作为开端的。

（3）都是以学习者的母语和普遍语法的混合体为开端的。

根据上面所阐述的理论，我们可以得出这样的结论，那就是影响中介语的因素并不是单一方面的，它主要受母语和第二语言的双方面影响，在这个连续体里我们可以将三者之间的关系进行描述。

对中介语理论展开分析的过程实际上也是一个不断发现的过程，通过对中介语的分析，我们发现如果以学生在第二语言学习过程中所产生的错误为出发点，可以有效反映出中介语的发展状况。这就要求教师在实际教学过程中不应该对学生的语言学习错误进行过多的指责，而是要分情况进行宏观指导，以免一味的指责会对学生学习语言的积极性造成一定影响。同时，作为学习者的学生则可以通过这一学习过程对自身的一些错误进行认识和改正。

有研究显示，过渡语在错误产生的背后发挥着持续的作用，而且还在不断变化，在此基础上构成了一个所谓的中介语连续体，并且一直存在于二语习得的整个过程之中。需要注意的是，在二语习得的过程之中我们允许一些错误的存在，然后对其的产生进行分析，以此促使学习者的中介语向更加完美的外语靠拢。

六、输出理论

输出理论也是影响语言学习的一个重要理论，并且发挥着重要作用，主要表现在以下几个方面。

（一）斯温纳输出假设

加拿大语言学家斯温纳（Swain）提出了输出对于二语习得过程的重要作用，这一假设的提出主要是以她的"浸泡式"教学实验为前提的。斯温纳对她的浸入式教学提出了基本的原则，她认为二语习得应该是进行一些其他学科学习的工具，而获得语言的过程就是学科内容的一种"附属品"。为了验证浸入式教学理论的正确性，斯温纳专门在加拿大进行了有关这一理论的实验，研究证明使用浸入式教学理论的学生对第二语言的输出能力有了一定提升，但是如果与自身的母语相比的话还是存在一定的差距。斯温纳在对这一现象进行研究之后，得出结论：产生这样的结果并不是因为学习者在语言输出方面的能力不足，而是因为可以向他们提供支持语言输出能力的活动非常有限。她没有为她的学生在课堂上创造充足的进行二语习得的机会，学生没有受到语言输出活动的影响而变得积极。她认为语言输出对学习者来说作用是非常多的，主要包括以下三方面：

第一，其作用主要表现在向学习者提供可以进行自我假设检验的机会。

第二，在一定程度上帮助学习者尽可能多地关注一下语言形式的内容。

第三，向学习者提供有意识反思的机会。

斯温纳后续的工作就是对上面所说的三个重要作用展开实际论证。在她看来，只要学习者着手进行与语言有关的活动，就意味着与此相关语言方面的障碍就同时产生了，而且这个障碍会在一定程度上不断指引他们将注意力偏向那些他们不是特别熟悉掌握的方面。这样做对学习者来说，好处就是让他们尽可能地理解和掌握他们的真实表达意图与借助语言形式所表达出来的意思两者之间是有明显差异的。这种方式可以帮助学习者获得一定的语言学习方式，因为这种注意会在一定程度上对他们的认知活动产生一定的刺激，并使其活跃起来，而这种认知活动对于学习者来说有温故和求新的作用。

语言输出活动说到底就是一种学习者以交际作为前提而进行的一种新的有

关语言形式和结构上的重新规划活动。在这里学习者可以借助语言形式的帮助来检验这种新的形式是否合乎规范。如果没有这一相关理论存在的话，对学习者来说就缺乏足够的支持来对所提假设进行验证。

根据斯温纳的理论，语言的输出功能可以对学习者有意识反思活动的形成起到辅助作用。当我们的头脑中形成输出可以对语言形式进行检验的理论时，其实已经在心里认定两者是有内在联系的了。从这个角度来理解的话，语言输出所表现出来的就是语言形式对某一种有意义的行为的猜想过程。我们并不知道学习者的内心假设到底是怎样的，我们能做到的就是通过学习者所表现出来的语言输出来推理和猜测假设的真实含义。还有一种情况就是学习者除了将自己的假设进行了完全表达以外，还借助语言输出的形式对假设进行了进一步的反思检验，这种形式相对增强了学习者对语言的把控能力。

（二）输出假设对外语教学的影响

语言输出的突出作用，主要还要从帮助学习者提高语言的使用熟练度和让学习者认识到自身在学习过程中所存在的一些缺憾等方面体现出来。此外，学习活动的存在还可以从另一个角度刺激学习者对所提出的假设进行进一步检验的形成，这也是翻译活动所必须经历的一个步骤。总之，语言输出的假设理论对于外语教学来说意义还是比较重大的。

首先，如果单从认知层面来说的话，语言输出是二语习得的保障。在进行外语教学的过程中，如果可以提前展开对语言输出活动的安排，就可以在一定程度上迅速提升学习者对语言形式的掌握程度和学习效率。不管怎样，这种层次丰富的语言输出活动对教学过程的影响以及对学生语言能力的提升都很有帮助。

其次，在相应的教材编写过程中设计相应的角色扮演和小组讨论的练习活动方式，帮助大家理解输出的作用。

最后，当大家都认识到语言输出活动在语言学习过程中所起到的重要作用以后，很多教师都在教学过程中加大了教学实践的比重。

（三）输入假设对英语教学实践的启示

输入假设在英语教学实践过程中所起到的作用可以通过以下五点略知一二。

1. 强调学生的主体地位

普遍语法的作用只是对语言起到一定的研究，虽然它在语言学习领域占有一定位置，但它本身与外语教学和外语学习不产生直接的内在联系。但不可否认的是，普遍语法对外语习得研究产生的效果十分显著。由此乔姆斯基对当前的传统教育观念进行了颠覆，提出了学习是语言形成过程的理论，并且需要依靠结构训练和句型练习的共同支撑。在这个过程中，从学习者的角度来说可以说是对语言学习的认识又提升到了一个全新的高度，充分认识到这一过程的形成与实现与有效的认识是有着密切联系的。

普遍语法理论的产生在一定程度上促进了以此为根本的外语学习理论的出现。虽然最开始的时候对于普遍语法的初始研究和实际的语言教学没有什么紧密的联系，但是后来随着发展，有关这方面的研究者和其研究却对语言教学有了深刻和长远的影响。另外，乔姆斯基也主张在外语教学过程中强调学生的主体作用，一切从学生出发，重视学生对学习的接受程度并且时刻关注学生的学习效果，从而对学生展开与创造性相关的自主型学习的激励。

2. 确定听、说、读、写的顺序

美国语言学家克拉申提出的输入假设理论特别重视学生输入活动的体现，更进一步理解就是注重学生的"先听后说，先读后写"能力的培养，而且这也正好与我国现阶段要求的或者是国内开展英语学习的现状产生了高度融合，具体表现可从以下几方面内容分析得知。

（1）我国高校目前开展英语教学或者是学生进行英语学习的目的不是为了提升在实际交际过程中的口语能力，而是停留在应对考试而需要训练听说和阅读能力，因为我国目前的有关英语考试主要以阅读和听力为主，有关口语交际能力方面的测试还是很少的。基于这种现状，我国的英语教学就将精力主要集中在听、说、读、写上面，而且先以听说为主，其次是读、写。在这种情况下，"说"的功能对于外语学习者来说只是放在了次要的位置，而不作为重点学习和考试对象对待。

（2）在实际的英语教学过程中，因为班级学生很多，针对这种情况，只重视听读能力培养对于教学活动的顺利开展起到了促进作用，同时也会相应增加对学生知识输入的强度。

（3）语言输入想要达到的目的就是获得听和读的能力，因为在英语教学中听和读本身就是一种能力。所以从这个角度来说，这一教学过程中的听和读既是作为手段来进行学习的，同时又是英语教学所要达到的一种让学生掌握能力的目的。

（4）这四种能力中阅读相对于其他能力来说可行性和可操作性更大一些，只要有充足的时间和书本就可以实现。

总体来说，如果将英语学习中的这四种能力按照由易到难进行划分的话，其顺序应该是读、听、写、说，由此我们可以看出，"说"这种能力在英语教学中是最难实现或达到的目标。

就我国目前的教育现状来说，大力倡导英语学习过程中阅读能力的培养还是不能松懈的，因为我国现在大学生的整体读书能力与国际上的发达国家相比还存在着一定的差距。因此，在我国强调"读"的重要性不论什么时间来说都是十分必要的。如果只将学生的阅读能力局限于现有课本上的内容，这是远远不够的，需要用好的课外读物来丰富大学生的阅读量。只不过我们在重视阅读的时候还要同时增加对听的重视程度，一个人如果无法听懂别人的言语，那么接下来的口语交流就不可能顺利展开，说到底这也是对学生语言输入能力的阻碍。大学生只要具备了足够的听读能力，对自身的说和写能力的提升也是很有帮助的。

虽然传统的"语法翻译法"在一定程度上可以向学生提供足够的知识输入，但是这种方法带有很强的个人情感因素，而且还有很多环节的监督作用，这就对语言的学习过程造成了一定的影响。但是，"听说法"对于语言的输入能力来说就稍微逊色一些了，而且其中关于句型训练就占据了很多的时间，因此也对语言习得的最终效果带来了一定的负面影响。前面所说的这两种情况，教师在教学时，为了尽可能多地向学生提供语言输入，不仅在课堂上要求学生阅读和听足够量的材料内容，而且还将其他一些适用的学习方法引入到了日常的英语课堂教学中，使学生的综合能力得到提升。

但是事情都是有两面性的，克拉申的"输入假设"理论对我国的英语教学而言，同样有不适合的消极成分存在，如有些教师在教学时刻意追求输入能力（听读）的培养，而不在意语言输出能力（说写）的培养，这就导致学生个人能力发展不平衡问题的产生。根据克拉申的观点，语言输出并不能完全实现语言的习得，只有时刻关注对语言输入方面的理解，才会使语言输出一蹴而就。但是通过实践的检验，我们发现语言习得实际上是输出和输入一致作用的结果，而语言的输出对于学习者来说，其实就是一种有关对输入理解的深刻检验。虽然语言习得过程中起主要作用的是听和读的输入能力，但是不可否认的是，说和写的输入能力对语言习得的整个过程所产生的侧面影响也是需要引起关注的。

3. 重视课堂教学质量的提升

克拉申还强调了对于刚开始学习英语的人来说，就算是外部条件比较适宜，但如果接收到的输入是大量自己无法理解的内容时，那对于学习者来说不仅是浪费时间，而且还会对他们学习语言的积极性造成一定的打击。从前面所提出的理论我们可以总结出课堂教学对教学过程所起的重要作用，这主要归结为一个理想状态的输入需要以下两个条件的支撑才可以实现。

（1）可理解性。可理解性就是学生对于所输入语言的接受程度，这就要求英语教师在日常教学活动中注意发音的准确性，同时还要控制好自己的语速，以便学生利用有限的课堂时间进行理解。同时还要注意语言的规范性，尽量使用学生常见的词语和简单的句型来为学生讲解适合目前学习阶段的材料内容。

（2）输入内容应该是学生感兴趣的。教师的日常讲话和对材料内容的讲解过程应该遵循循序渐进的原则，先从浅显和容易的开始，然后随着学生掌握能力和理解能力的提升而逐步向相对深层和有难度的内容过渡。如果一开始教师就讲解对学生来说稍微有难度的教材，那么就会使学生的学习进入一个误区，即学生会采用汉语的学习方式来对英语进行理解，并以此来分析词义和句义，并非采用英语的学习方式进行思考，这样一来，学生的学习兴趣就会相应地降低。如果材料中出现的生词过于密集，更会导致学生阅读起来难度增大，在无法推测句义的情况下只有多次采用查询字典的方式来解决，这样不仅会降低阅读的流畅度甚至还会引起学生的反感。而这正好与克拉申所提出的"i+1"理论达到了某种契合。克拉申认为，只有当教学所用的教材与学生当前所具备的学习能力相适应的时候，学生才有可能会对学习提起一定的兴趣，并自觉地去理解英语的内涵。

4.恰当发挥母语的作用

关于母语在二语习得过程中所发挥出的作用，我们可以通过克拉申的"自然习得语法顺序的假设"理论略有所知。一般来说，学生在外语的学习过程中，母语和外语的语法学习顺序几乎是一致的。在这里他对母语对于外语学习过程中的干扰作用进行了重新论证，并对那些过于偏差的理论进行了纠正。对于我国学生来说，在进行外语学习时大多都已经形成了汉语的规则和习惯，因此如果盲目将汉语看成外语学习过程中的绊脚石，而拒绝使用任何汉语来开展外语教学，这样的结果只会对学习者最终的输入和输出工作造成严重影响。

克拉申的这一理论同时也是在提醒我们，外语的学习并不是要我们完全放弃母语在其中的作用，而在一定程度上还会给外语学习提供相应的帮助。换句话说，教师可以通过在英语教学过程中恰当发挥母语的作用，在一定程度上帮助学生加强对英语的理解。

5.实现习得和学习的结合

根据克拉申的相关理论观点，我们知道要想熟练运用和掌握英语的使用并非懂得其中的语言规则就万事大吉了，其中还需要相关输入环境的进一步融合作用。

我们需要注意的是，学习者在进行外语学习时，应该将习得放在重要位置。从目前我国的外语教学现状来看，学生想要处于一个完全的外语环境来进行外语学习还不现实，所以时间有限的课堂授课形式还是主流。从这个角度来说，习得和学习对学生来说都变得重要了。外语教师要尽可能多地创造外语环境来开展教学，这样就会使习得和学习实现进一步互融，多鼓励学生参加一些英语角的活动，或者是结交外国朋友，来增加自己运用外语的机会，从而提升对外语的运用能力。

第二节 大学英语教学的现状分析

英语对我国来说毕竟是一种外来语言，而且大部分人开始英语学习时已经对母语的使用习惯心领神会了，这就会导致学生开展第二语言的学习过程中难免受到传统汉语教学方法的影响和干扰，从而使得二语习得的历程倍感艰辛。从这个角度来考虑的话，可以将我国大学生目前在英语学习过程中所遇到的难点和存在的问题进行以下划分，我们只有认识和了解之后才可以采取更加科学和有效的方式来进行改革。

一、教学模式形式简单

我国地域辽阔，各地区也会因为地域条件的限制而表现出不同的英语教学水平，再加上各地师资力量和重视程度上的差异，使得各地的英语教学水平参差不齐，还有些地方所采用教学模式的形式过于单一化。基于这种环境建立起来的英语教学模式通常以应试教育为主。随着信息技术的发展，多媒体技术的不断发展使得这一模式得到相应改善，教学活动得到相应提升，但是其根本还是教师讲、学生听的单向传输模式。这一模式的最根本问题，就是忽略了学生在学习过程中的主体地位和应该发挥的核心作用。

教师在英语教学过程中由于根深蒂固传统教学观念的束缚，限制了学生自主能动性的发挥。在这一教学模式中，学生的主动权是受到一定限制的，大多是在被动地接受知识，也没有充分提供想象的空间，而且应试教育目的明显。这样长久发展下去的后果只能是师生之间无法形成良好的互动，学习成绩也不会得到有效的提升。

二、教材的选用不合理

一般来说，大学英语教材的编写和选用都不是随意就可以做到的，是在既定教学大纲和教学目标的基础上编写的，内容也大多是向考试方向靠拢。大学英语教材的编写是不可以脱离教学大纲而独立存在的，它们是一个整体，存在着一种不可分割的关系。目前，从整体来看我国大学阶段的英语教材并不能完全满足学生的学习要求，甚至从某种程度上说是限制了学生学习能力的发展，影响了教师的授课效果。

英语教材是英语教师进行教学的前提，是不可缺少的"一只手"，除了可以对教师的教学质量产生一定的影响外，还在一定程度上与学生语言能力的习得有着很大关系。

教材的编写通常需要以教学大纲为基础，不可脱离大纲随意进行，这样就造成了教材编写过程中的一些局限性。另外，高校阶段教学大纲中要求学生掌握的单词与中学阶段的单词在很大程度上具有重复性，这样会使学生产生一种怠慢感或者是消极情绪，认为这些知识在中学阶段已经学习过了，没有必要再花时间重新学习了。

另外，目前大学阶段英语教材的内容在选择上大多倾向于文学或者是政论方向，这些对学生来说实际应用到的机会很少，所以实用性稍微欠缺一些。还有教材的更新不能做到完全与时代同步，很多都是好几年前就开始使用的了。而如今是一个发展日新月异的时代，很多改变都是短时间之内的事情，所以教材内容滞后是人们最容易察觉到的。此外，我国高校开展的英语教学有关口语训练的内容一直属于薄弱环节，缺乏相应的口语锻炼机会。虽然随着时代的进步这一过程得到了相应改善，一些与时代发展和教学大纲要求逐渐接轨的新兴教材开始进入人们的视野。但是这些新出现的教材通常在内容上都不够深入，对学生来说又缺乏相应的难度，所以对学生英语水平的提升依然没有起到应有的作用。更有甚者是对教材的编写一味盲目地按照要求进行改革，大量增加有关口语训练的内容使得与前一阶段所学的内容严重不连贯，这些都在一定程度上严重阻碍了教师的教学成果和学生学习效果的提升。

三、能力培养不平衡

众所周知，语言的外在表现意义是通过表达功能和表达形式这两个方面来进行集中体现的。只是我国当前的英语教学现状是将教学的核心内容放在了对语言表达形式方面的培养上，而相对减弱了对语言功能方面的训练。虽然我国目前高校《英语教学大纲》的教学要求和目标是培养学生具有一定的听、说、读、写、译能力，使其得到均衡发挥，但是，由于各方面因素的影响并没有使这一目标得以实现，大部分学生在实际工作和学习中使用英语的机会并不是很多，这些大学生应该具备的英语基础能力依然处于很低的水平，"哑巴英语"的现象还是很普遍。

由此，大学英语教学所呈现出来的就是一种费力不讨好的状态，而且这是我国高校目前的一种常态。在我国的高校教育阶段，大学英语依然只是作为一种公共课来进行教学的，而且只出现在大学阶段前两年的课堂中，只维持两年的时间。有关数据显示，很多学生在学校中的前两年都将大部分的时间用在了英语的学习上，但是最终所收到的效果却不尽如人意。经过多方面的分析，我们总结出了产生这种现象的原因，具体包括以下三方面。

（1）受大学英语四、六级考试因素的影响比较严重。大学阶段的英语四、六级考试是一种单纯的具有分析性质的考试，而这样的后果就是使学生陷入一种只会考试而不会说的状态之中无法自拔，进而影响到英语综合能力的提升。

（2）受记忆式学习方式的影响。在我国大学阶段的英语教学过程中，一直将学生对于基础知识的积累放在重要位置，而忽略了对学生利用所学知识进行日常交际和交流的训练和培养。

（3）社会环境的影响。英语对我们来说只是一种外来语言，日常生活中人们都是使用汉语进行交流，因此所学到的英语知识并没有很好的实际应用场合使其得以充分发挥。

总之，目前我国大学阶段的英语教学没有将对学生的语言表达方面的训练和培养放在首要的位置，所以表现出来的大学生语言能力发展不平衡的现象还是比较明显的。需要注意的是，我们目前正处于一个信息型的社会之中，英语作为一种语言工具，帮助人们获得相应的外语信息。随着国家之间国际化进程的加速，大学生作为国家的储备人才，其英语的掌握能力更能从一个方面反映出国家的综合素质。

四、师资力量匮乏

随着高校入学学生数量的不断增加，师资力量储备不够充分的问题凸显，造成了大量英语教师的超负荷工作。我们可以简单地来算一笔账：一名普通的高校教师每周的教课时长一般都超过 12 课时，另外他们还需要做一些备课、批改作业、设计教学任务等工作，这些几乎占去了他们大部分的时间，从而导致他们没有足够的时间花在自我的进修上，无法提高自己的授课水平。这些对英语教师来说都是非常不利的。

另外，当高校出现英语教师力量不足的情况时，就会相应降低对英语教师所具备知识能力和素质的要求，一些高校甚至只能去聘请那些学历较低的人来进行英语授课活动，这就使得英语教师的教学成果显现出不同层次的水平。

五、文化意识不同步

一般来说，目前我国大学英语教学看重的还是学生的成绩，因此还是以教师的口头教学方式为主，其中有关文化方面的教学内容涉及得很少。如果挖掘和总结引起这一情况的原因的话，可以概括为以下三个方面。

（1）教师所接受的教育方式一直都是传统的，这种方式对他们来说已经习以为常了，现在应用到实际教学中还是会按照当初所学来向学生进行知识的传输。在课堂教学中，很多英语教师只是将重点放在了学生是否掌握了正确的语言形式上，而不关注对英语知识的介绍和通过怎样的方式来正确使用语言。出于这方面的考虑只是因为教师觉得课堂时间少而宝贵，而教学是一种花费精力和对学生的学习过程产生压力的形式，很多教师基于这方面因素的考虑，认为不应该将有限的课堂教学时间用在这些繁重的教学方面，甚至还有极少数的英语教师对英语教学的理解比较狭隘，觉得只要学生掌握了单词的使用和对语法知识的运用就等于学好了英语，而文化知识的学习就没有必要了。

（2）英语对于教师来说本身就是一种外来语言，很少有高校英语教师是以英语为母语的，因此英语教师拥有开展英语学习的机会和环境也是相对有限的，他们所掌握的英语知识也是比较零散和琐碎的，并不能完全满足学生的学习要求。

（3）作为高校英语教师来说，他们自身的教学任务是比较繁重的，本来已经分身乏术了，如果再让他们去进一步开展有关文化方面的教学研究，对他们来说无疑是勉为其难的。

六、主体地位倒置

我国自开展教育活动以来，一直是将教师放在主要的位置，而忽视的是学生作为中心的主体作用。现在很多的课堂授课采用的依然是教师"讲"和学生"听"的教学模式，并且教师的讲授过程占用了大部分时间。课堂中学生扮演的就是一个被动的听众的角色，只能对教师传授的知识进行被动的接受。这从根本上来说与我国对教学方式所要求的教学初衷是不一致的，教学应该集中精力发展学生的"学"，而不是将重点本末倒置地放在教师的"教学"上。学生应该掌握学习的主动权，积极主动地去学习。

英语课程的实践性相对来说比较强，需要通过实际的交际能力来提升相应的英语水平。老师最终教学效果的评定还要依赖于平时教学效果的综合水平，而学习效果的获得与学生的主观能动性发挥和参与其中的多少都有一定的关系。关于这方面的理解，有关理论学的观点曾做出了相关解释，虽然英语学习是一种有别于母语的学习方式，但是学习过程却是万变不离其宗，都是从理论的输入到实践的输出过程，因此不管是什么样的语言形式，学生都应该是学习的主体，学生的学习能力是影响学习效果的主要因素。

七、忽视对学生学习兴趣的培养

自我国开始实施英语教学开始，教师普遍存在一个盲区，那就是很少有教师去关注对学生学习语言兴趣的培养。传统的应试教育已经让大部分学生对英语学习产生了厌倦心理，陷入记忆单词、学习语法规则和背诵课文中无法自拔，长此以往仅有的一点兴致也会被消磨殆尽。学生长期处于英语教师的"填鸭式"

教学方法中而苦不堪言，再加上繁重的作业压力，他们一提到英语学习就觉得害怕乃至恐惧。这样的学习语言背景，对语言学习来说都是有百害而无一利的。

八、严重偏离教学目标

我国对大学英语教学目标的要求，虽然没有直接将其与英语考级直接联系起来，各高校只需要进行自主选择即可，然后对教师的教学成果进行评定，但是由于社会上一些用人单位将是否持有英语四、六级证书作为应聘条件之一，就使得全国范围内的高校将英语四、六级考试放在重要的位置，并且将最后的考试通过率看成英语教学的效果评价标准之一。这在一定程度上又使英语教学的目标偏离了原来的主题，应试教育的味道越来越明显了。同时这也成为衡量英语教师教学水平的一个重要维度，从更深层次来说甚至影响了大学英语教师的教学进程。

英语教师为了使自己的学生提高考试的通过率，不得不在课堂上花费大量的时间进行词汇和语法的讲授，而学生则是陷入大量的题海中进行知识的巩固。如此一来，学生就会只求答案，而不是独立进行思考并找到答案的根源，忽略了课堂讨论的重要性。这样的结果就是学生的应试能力比较强，而要让其开口说就成了问题。

总体来说，我国目前的英语教学现状与所要达到的目标还有一段距离，所存在的问题层出不穷。教学过程中教师与学生地位本末倒置的现象依然明显，学生主体地位的提升有待加强，否则学习的积极性和主动性都将会降低。而课堂上花费大量的时间对知识进行讲解的过程也会导致学生学习兴致的降低，他们所接受的知识已经逐渐趋于饱和状态了，教师就算再进行讲解，他们也是听不进去的，所以教学效率不高。可以说当前我国有关英语教学的现状与时代所要求的培育综合型人才的目标之间还是存在很大差距的，面对这样的形势，英语教学实施改革是时代所需，也是大势所趋。

第二章 教育信息化背景下大学英语教学模式探究

第一节 信息化教学模式的内涵

一、信息化教学模式的主要优势

（一）新时代背景下大学英语课程的变化与定位

1. 课程变化

随着计算机技术和互联网技术等现代信息手段被广泛运用于英语教学领域，英语教学模式发生了翻天覆地的变化。这些变化既有教学目标、教学方法、教学观念、教师作用、教学评估等"软件"方面的变化，也有教学手段、教材编写、教学环境等"硬件"方面的变化。

在教学目标方面，传统英语教学侧重于向学生灌输知识，并主要关注学生阅读能力的培养。在广泛运用信息技术之后，教学目标的重心转到了学生语言应用能力的培养上，尤其是听说能力的培养上。因为传统教学中一个教师要同时面对许多的学生，没有外在技术手段，无法兼顾每个学生的情况，很难知道他们是不是听懂了，也很难给每个学生机会和时间来让他们练习口语，而语音教室及其配套工具的出现从技术上解决了这一局限和难题。

在教学方法方面，传统英语教学一般由教师带领学生对教材中的文章进行精读，并在此基础上进行一定程度的模仿练习，同时注重英汉间的互相翻译。广泛运用信息技术之后，出现了许多新的更加立体化、更加个性化的教学方法，并且不再将教学完全限制在课堂之内，而是加入了大量需要学生进行课外自主学习的内容。

在教学观念方面，传统教学一般围绕教师和课本展开，因为这几乎是学生知识的唯一可能的来源。教师几乎控制和主导了整个教学过程。广泛运用信息技术之后，英语教学转变为以学生为中心，从教师的灌输式教学转变为学生的自主学习。计算机等信息工具更是从后台走到了前台，不再仅仅是教学的辅助工具，而是成为优化教学资源配置和组织有效教学形式的重要工具。

在教师作用方面，传统教学赋予教师的角色定位是教学过程中的绝对掌控者，教师必须把握教学过程中的一切。广泛运用信息技术之后，英语教学要求教师成为教学过程中的帮促者，主要职责和作用是帮促学生进行主动的学习。

在教学评估方面，传统教学主要采用终结性评估的方式进行评估，即以考试成绩作为评定学生学习效果的主要依据。广泛运用信息技术之后，英语教学采用终结性评估与形成性评估相结合的方式，既根据学生平时的学习表现进行评估，又考虑学生的考试成绩。

在教学手段方面，传统教学通常仅仅有一块黑板外加一盒粉笔，偶尔辅助一些简单的、直观的教具。广泛运用信息技术之后，英语教学可以运用包括多媒体计算机、互联网等在内的许多信息技术手段，来创设一些仿照真实情境而虚拟出来的学习环境，这些学习环境对于开展任务型、个性化的教学活动大有裨益。

在教材编写方面，传统教学仅有纸质教材，内容较为单一。广泛运用信息技术之后，英语教学广泛使用各种立体式教材（"立体式教材"指的是物理概念上的纸质课本、音频光碟、视频光碟等），而且教材内容也大多可以用多媒体等方式进行呈现。

在教学环境方面，传统教学基本只有以教室为主要空间的课堂，即便能进行一些简单的场景式对话或分角色朗读等，也往往缺乏真实环境所产生的那种强烈代入感。广泛运用信息技术之后，多媒体计算机以及互联网等技术的许多强大功能，使得模拟出来非常接近真实环境的虚拟环境成为可能，这无疑可以为学生的语言学习和练习带来诸多的便利。

以上种种变化彻底改变了英语课程教学的方方面面，使得信息技术以及与之相适应的现代教学技术在英语课程教学中变得不可或缺。传统英语课程仅仅涉及英语教学本身的理论与方法，而现代英语课程不仅将传统课程的内容涵盖其中，还能充分体现出技术手段对于教学的重要性。因此，新的英语课应该始终从课程本身的构成和外在的辅助性技术手段这两个方面对自身进行定位。

2. 课程定位

下面将分别从课程本身的构成范式和现代信息技术在课程中的地位这两个方面进行论述。

（1）课程的构成范式。一般而言，课程就是教学活动的基本规划和蓝图，它包含某种教育思想和教学理论。因此，传统英语课程的构成范式一般是"2+1"

模式，"2"指理论和方法，"+"指教学理论和教学方法应该由课程或教材来体现，"1"指课程或教材。随着"互联网+"时代的到来，以计算机网络为核心的现代信息技术开始进入包括英语教学在内的人类生活的方方面面。在这种情况下，英语课程的构成范式自然也就从传统的"2+1"模式升级为"3+1"模式。其中"3"是在传统"2"的基础上加上了"技术"这一项。2007年印发的《大学英语课程教学要求》就是这种"3+1"模式的最好体现。此外，"3+1"模式在具体的教学实践中也有诸多体现，比如，在传统教学中，教师在课堂上对教材的讲授几乎是学生知识的唯一来源，如今，学生自己就可以利用计算机网络技术等先进手段进行自主学习。因此，课程构成范式的改变是计算机网络环境下英语课程定位的首要特征之一。

（2）网络在课程中的地位。传统英语教学一般无"网"可用。因此，计算机、互联网等信息技术在传统的英语课程中是缺席的。《大学英语课程教学要求》在我国英语教育史上第一次明确地提出，要将计算机、互联网等新技术作为课程的有机构成部分。这直接导致这些新的信息技术走到了教学的前台，从此，计算机、互联网等各种信息技术手段在课程中获得了至关重要的一席之地。一般来说，有两种将计算机网络运用于教学的方式，一种是计算机网络辅助教学，计算机网络仅仅起到不那么重要的辅助性作用，另一种是把计算机网络整合到英语教学之中，使其成为英语教学过程的有机部分。第一种方式的主要目的在于帮助教师改善教学效果，其一般特点是：①计算机网络仅作为一种演示工具被使用，其强大的功能并没有得到完全充分的发挥；②教学内容基本上还是局限于课本，计算机网络的作用仅仅是把纸质版教材变成电子版教材；③各种教学材料局限于课本，计算机网络没有为教学材料的扩展做出贡献、发挥其强大的功能。④教学结构跟传统教学几乎并无二致，仍以教师为中心，学生被动地接受教师的传授和指导。

由此可见，简单地采用第一种计算机网络辅助教学的方式，并不能使传统课程的结构从根本上获得改变。只有真正让计算机网络成为课程的一个有机组成部分，成为教学中必不可少的要素，才可以真正实现以学生为中心的教学理念，为学生的各种学习活动尤其是自主学习活动奠定牢靠的基础。

综上所述，信息化时代英语课程定位的关键在于：一方面，英语课程应该按照"3+1"模式（理论、方法、技术＋课程或教材）进行规划和设置。另一方面，以计算机网络为核心的现代信息技术应该成为课程的有机组成部分。

（二）信息化教学模式的优势和影响

随着教育信息化时代的全面到来，信息化教学模式逐步取代传统的教学模式，乃是大势所趋。在这一过程中，不仅学生的主体地位得到了极大的提升，素质教育本身也得到了很好的推广和普及。大学作为各类知识前沿的汇集地和人才培养的核心地带，必然成为教育信息化的最前线。

1.信息化教学模式的优势

长期以来，我国课堂教学所遵循的是"传道、授业、解惑"这样一种相当传统的"传输—接受"模式。这种模式的特点是以教师为中心，通过发挥教师的主体地位和主导作用，让教师对课堂教学的组织、管理和控制颇有成效。但结果却是，学生的主动性和创造性难以发挥，学生仅仅成为知识和经验的被动接受者。久而久之，学生逐渐养成了一种被动学习的心态。这种做法的弊端有两个：其一是容易导致对教师和书本的盲目崇拜，造成学生迷恋权威，缺乏独立创造的精神和能力。其二是容易导致对教师的无理抱怨，认为既然学生是老师教的，学生没学好，就是因为老师没教好。当然，传统教学模式最大的弊端还在于，它束缚了学生的发散思维、逆向思维等创造性思维，使得学生唯唯诺诺，容易被旧观念所禁锢，随着年龄的增长，逐渐失去了求知的积极性和勇气。这就使得创新型人才的培育格外困难。信息化教学模式为改变这种不利的现状提供了可能性和可操作性。整体而言，信息化教学模式具有如下几个方面的优势：

第一，信息源丰富、知识量大，这为理想教学环境的设计提供了诸多便利。现代信息技术为课堂教学所提供的诸多资源，使得课堂的信息大大超出了固定的教材所能提供的范围，这使得教师和课本不再是唯一的知识来源。多种媒体的应用在扩大课堂信息量的同时，还提供了丰富的感受途径和方式，使得教学更为直观，学生感知信息的方式和渠道更加多样化，这无疑有利于学生理解和吸收知识。除此之外，学生也可以通过相关硬件设施，自主搜集、学习与课堂教学内容密切相关的信息，更加灵活地把握和运用课堂所学知识。

第二，有利于发挥学生的主动性、积极性。多媒体计算机和互联网走进课堂之后，教师的主要作用从传授学生知识转换为培养学生自主获取知识的能力，同时负责指导学生的学习探索活动。在这种教学活动中，学生除了在必要的时候接受教师所传达的信息之外，更多的时候，是在教师的指导下进行主动思考与探索。包括立体式教材在内的各种教学媒介除了是辅助教学的教具，还是学生自主学习的认知工具，会极大地提高学生学习时的主动性和积极性。

第三，符合因材施教理念的个性化教学。多媒体计算机的交互性为学生进行个性化学习提供了硬件支持。多媒体技术可以完整地呈现学习内容与过程，学生可以在此基础上自主选择学习内容的进度和难度，并在需要时随时与同学或教师进行交流。

第四，互助互动，实现协作式学习。计算机网络的相关特性非常有利于实现协作式学习，这对于培养学生的合作精神和高级认知能力意义非凡。在计算机网络的帮助下，学生之间既互相协同，也互相竞争，又或者采取角色分工等各种各样的形式来进行学习，能明显促进学生合作精神的培养以及良好人际关系的形成。

第五，有利于学生创新能力和信息处理能力的培养。信息技术的网络特性和超文本特性，为学生获取信息、分析信息和加工信息能力的培养创造了良好的环境。互联网作为人类世界最大的知识库和信息库，上面的信息和知识都是以符合人类思维习惯的超文本结构形式组织起来的，无疑是学生进行"自主发现、自主探索"式学习的最好基地，同时也将成为培养学生创造性思维和创新能力的最优"苗床"。

2. 信息化教学模式的影响

考虑到信息化教学模式的上述优点，它也必将全面地改变我们的学习模式，具体体现在以下几个方面：

第一，改变了信息的传输方式。科技的高速发展，短短数十年间就给我们生活的方方面面带来了翻天覆地的变化。首要的变化就在于我们获取、传输和接收信息的渠道、途径、方式的多样化。传统教学模式所采用的黑板、粉笔和PPT之类的简单信息传输方式显然无法满足学生对于信息获取方式多样化的要求，而信息化教学模式中广泛运用图片、视频、动画、网站等资源，把枯燥、抽象的文字转变为形象直观的图片、视频、动画，丰富了信息的传输形式，极好地回应了学生的要求，故而最大限度地激发学生的学习兴趣。

第二，提高了学生的信息检索能力和职业素养。在传统教学模式中，学生大多数处于被动接受的地位，几乎所有知识都是从教师和课本上得来的。许多毕业生走出校园进入社会之后，脱离了教师的指导，没有了课本作为标准，就不知道该如何进行新知识的学习了。采用信息化教学模式之后，学生学习的过程包含大量自主检索、搜集信息的过程。在预习阶段，学生需要通过互联网获取书本上没有的信息来完成教师布置的预习任务。进入正式学习阶段之后，同样也需要利用互联网等手段来查找资料、筛选信息、解答疑难，这些活动无疑大幅度提高了学生的信息检索和筛选的能力，这是传统教学模式无法提供的。

第三，改变了教师的角色，也改变了教育对教师的要求。传统教学模式中，教师只需要按照教学大纲的要求，完全遵循课本的内容进行相关知识的讲授就可以了，至多再辅助以少量的非课本书籍和资料。信息化教学模式则大不相同，它在许多方面都对教师提出了超出传统的新要求。教师在课前应准备好的资料不再局限于少量的纸质资料，而是包括上课可能要用到的各种学习资料，例如文本、PPT、图片、视频、动画等。在条件允许的情况下，还会通过社交软件为学生布置学习任务，并按时监督学生完成相应的预习工作。进入课堂后，教师需要借助丰富的资源以多种多样的形式导入学习内容，最大限度地引导学生进行自主学习。在学生自主学习的过程中，教师还需要对学生表现出的各种能力进行指导，并在必要的时候给予帮助、进行评价。这就对教师在使用资源方面的能力、设计学习任务和过程的能力、组织学习内容的能力，以及技能操作能力、指导学生学习的能力、正确评估学生表现的能力都提出了较高的要求。

第四，从知识考核转向了能力考核。传统教学模式的考核方式主要是期末的一张考试卷成绩，至多再加上平时的一些小测验成绩，主要考核的是学生知识把握的牢靠程度和应用能力。教师在课堂上大部分时间都在讲解书本上的知识，没有充足的时间和机会去了解学生具体的学习过程。在信息化教学模式下，学生自主学习能力的加强，使得教师有时间深入到学生中，近距离观察学生学习过程中的具体表现，充分了解学生在学习过程中所体现出来的信息检索、创新、动手操作、职业素养等各种能力，并可以对这些能力给出及时和有效的评价，然后反馈给学生。

第五，把学习内容从有限的知识转变为更广阔的学习领域。传统教学模式中，学生的知识主要从课堂上教师的讲授以及书本两方面来获得，而教师所讲的内容也较大程度地局限于书本本身。而在信息化教学模式中，学生借助于查阅书籍、搜索网络等多种信息渠道，可以在更加广阔的知识领域内进行学习，在对从各种渠道所获取的知识进行筛选过程中，学生还有机会学会从不同的角度看问题，这不仅大幅拓宽了学生的知识面，更是纵向培养了学生深入分析问题的能力。

第六，有效缩短了高校之间的差距，削弱了教师对教学质量的影响。各大院校由于历史、社会、政府政策等多方面的原因，在师资质量、教学和科研经费、实验设备等诸多方面都存在明显的差异，这进一步加剧了教育的不平衡。同时，由于教师各自在学历、经历、能力、责任感等诸多方面也存在着较大的差别，即使面对同样的教学内容，也会出现教学质量参差不齐的情况。在信息化教学模式下，上述问题在许多方面都可以获得改善。比如，教学软件模拟实验设备，可以有效减小院校间在实验器材和经费上的差距，而共享教学和研究资源的平台可以有效减小教师在教学质量方面的差距。随着信息化教学模式不断深入教育体系的方方面面，高校在办学条件、师资质量上的差距，可以获得很好的改善和弥补，这对于实现教育的均衡化意义重大。

第七，对教学硬件设施的要求大幅度地提高了。过去，教师只要拥有一块黑板外加一支粉笔，一般就完全可以有效地完成符合教学目标的教学任务，而信息化教学模式对课堂硬件设施的配备提出了远远超出传统教学模式的要求。一般的课堂，都需要配备投影、电脑、网络、音响设备等，方能为多种信息化资源的使用提供科技和物质方面的支撑。

随着时代的发展和科技的进步，信息化教学将越来越成为教学模式中不可或缺的组成部分，为我们的教育改革和教育创新开辟了新的可能性。借助信息化教学，也许在不久的未来，我们的教育培养出的将不再是"搬运工"，而是"创造者"。

二、信息化教学模式的主要表现形式

信息化教学模式借助于多媒体计算机、网络教学平台、校园网、互联网等各种现代信息媒体，为我们的教学活动创造出了一个理想的环境。在信息化教学模式下，学生、教师、教学媒介和教学内容等教学活动要素之间的关系，相比于传统教学，已经发生巨大的变化，主要有如下几种基本形式。

（一）讲授型模式

讲授型模式是应用时间最久、应用范围最广的一种传统教学模式。在信息化条件下，讲授型教学模式并没有被直接废弃，但相比传统的讲授型教学模式，获得了极大的改进，特别体现在以下两个方面：一是教学资源比以前更加丰富多样了；二是教学过程也更加多元化了，比如，互动性环节明显变多、变得更加有趣等。在新的讲授型模式中，教学资源不再仅仅只有一本可以捧在手上的纸质书，学生可以广泛地从多媒体计算机、网络等渠道获取各种形式的资源，包括文本类型资源、声音类型资源、图像类型资源、视频类型资源等。这些资源不仅信息量大、内容丰富多彩，而且形式也多样化，更具有吸引力，可以有效地实现以学生为中心的情境式教学。一般来说，新的讲授型模式可以划分为两种。

第一种是同步式讲授模式。同步式讲授模式的框架与传统的框架并没有什么特别大的不同，但所讲授的教学内容更加形象生动，且更加丰富。在课前，教师需要准备好各种教学材料，这些材料的丰富性直接决定了课程本身的性质；授课过程中，教师主要采用多媒体计算机演示的形式来向学生展示事先所准备的各种教学材料，并讲授相关知识，而不再像传统做法那样仅仅照"课本"宣科。在特定条件下，教师甚至还可以采用网络视频会议的方式在校园网或互联网上进行实时授课，借助一些功能强大的教学软件来实现随机问答。这种模式改变了传统课堂的单调乏味，让课堂变得有声有色，不仅丰富了教学内容、增强了教学内容的表现力，而且在教学过程中还能充分调动学生的各种感官，使学生在接收信息时产生某种鲜活的印象，这种印象本身有利于学生的理解和记忆，从而实实在在地提高了教学和学习的效果。此外，这种模式的可行性较高，只需要一间功能齐全的多媒体教室，并且配备较为通畅的校园网即可实现。这也是当前各大高校广泛采用的一种教学模式。

第二种是异步式讲授模式。异步式讲授模式需要教师提前根据教学要求将教学材料录制成多媒体文件，并将其上传到校园网或互联网上的教学资源库中。学生根据各自所需，提取教学资源库中的相关资料，进行自主式学习，以这种方式来实现教学目的。学生在自主学习的过程中如果遇到疑难问题，可以通过电子邮件或者其他联系方式向相关教师进行询问，教师相应地做出解答。这种模式尽管存在一定的时间差，但在某种程度上算得上是一种完全开放的双向教学模式，因为师生双方中的任何一方都可以全天候通过网络实施教或学的活动。这种模式最显著的成效是，学生成为学习的真正主体，教师也成功地发挥了主导性作用。这种模式既能显著提高学生学习的主动性，又能明显提升学生自主思考、自主解决问题的能力。

（二）个别辅导模式

在传统的教学模式中，个别辅导基本上只可能在一个很小的范围内开展，主要是指教师利用课余的时间，对很少一部分学生进行针对性的辅导。受限于时间、场地等因素，个别辅导的局限性较多。但在信息化的条件下，个别辅导模式有望成为占主导地位的教学模式之一。网络教育平台在为教师提供各自虚拟教室的同时，也相当于为学生提供一个可以自由选课的环境，学生只需要进入自己喜欢或者想听课程的那间虚拟教室，就可以学习相关课程。学生可以完全按照自己的意愿选择喜欢的课程，并且自主安排学习时间和学习任务，也可以自主地选择学习内容的进度和难度，并可以随时通过论坛（BBS）、电子邮件等方式与相关教师、同学沟通、交流。这样的方式不仅为教师的教学和学生的学习提供了便利，而且也为教师与学生之间、学生与学生之间的交流沟通、互相帮助、互相启发、集思广益、共同协作等活动提供了极大的便利。网络上开展的这种个别辅导明显有别于传统的个别辅导，因为这种辅导往往以学生的自主学习为前提，教师仅仅作为引导学生、满足学生学习需要的辅助者而存在。

（三）探索学习模式

传统教学模式中的探索学习模式，也仅仅是一种起辅助作用的教学方式。而且传统的探索学习模式，主要由教师进行组织，其中所需探索的问题也是由教师提出。学生可以利用的资源，也仅仅是一些先前从教师和书本资料中获取的知识和信息。在探索的过程中，往往无法真正实行有效的探索，最终也就只能得出教师直接提出的，或者通过预设暗示给出的某种统一的结论，因此很难完成探索学习真正的目的。在信息化探索学习模式下，上述的许多问题都可以得到有效的改善。首先，信息化这一背景本身就意味着学生可以获取教师和课本之外多种多样、内容丰富的学习资源。这些学习资源的获取本身也是探索学习模式中的重要环节之一。其次，在信息化的探索学习过程中，教师的权威被限制在一个合适的范围内，学生不能单单依靠教师，而是需要自己从丰富多样的学习资源入手，根据探索主题的需要，自己筛选出有用的信息，教师的主要作用被限制在解答学生无法凭借其当前的知识水平和经验给出回答，但又在自由探索的过程中可能遇到的那些疑难问题。在这种探索学习模式中，学生始终处于一个积极主动的位置，因此可以更有效地激发学生的学习兴趣和探索精神，这也就鼓励了学生的创新精神，对于提高学生的创造力有较大的帮助。

（四）协作研究模式

协作研究模式，指教师利用包括多媒体计算机、校园网、互联网等在内的各种信息技术，提供给学生各种各样学习或研究的专题，学生可以选择自己感兴趣的专题进行学习或研究，并通过校园网或者互联网等提供的信息交流平台及网络社交工具对相关专题展开讨论和交流，最终实现对教学内容较为深入的理解和把握。在多个学生共同完成某个专题的学习或研究过程中，不仅培养了学生发现问题和解决问题的能力、科学和批判的思维方式、就同样问题与相关人员进行交流合作的能力，还激发了学生的创新意识和创造力，为学生进行更高一级的认知做好了铺垫。这种协作研究模式，在某种意义上，可以说是学生以后开展真正研究工作的提前预演和最佳练习，不仅可以提高学生搞科研的能力，而且可以有效提高科研的效率。

（五）模拟学习模式

模拟学习模式，指教师利用多媒体计算机等信息技术，人为创造一个接近于包括视觉、触觉、听觉和嗅觉等在内的各种真实感官知觉的虚拟现实环境，学生借助于配套的电子头盔和手套等进入该模拟现实环境，在其中进行各种交互式学习的一种模式。学生在这种虚拟现实环境中进行相关的学习、探索或实验时，与在相应的真实现实中进行相关的实践活动所能获得的体验极其相似甚至完全一样，这对于学生的学习和实践，特别是对于那种需要实践经验，但现实环境或条件难以提供相关实践场景的学习，具有重大意义。比如训练特殊驾驶员、飞行员甚至宇航员等的学习过程，采用这种模拟学习模式既安全、逼真，又经济，且效率和效果都不错。与其他学习和教学模式相比，模拟学习模式更接近真实的实践环境，它无须教学过程那般详尽的指导解说，只需预先稍微提示一下简单的操作方式，就完全可以由学生自主探索和试验，同时，这种探索和试验的过程比真实的现实环境要安全得多。

三、整合信息技术与大学英语教学的可能性和必要性

（一）整合信息技术与大学英语教学的可能性

信息技术与大学英语教学整合的本质是，以某种相关的英语教学理论为指导，在大学英语教学过程中，充分适当地利用各种先进的信息技术，为学生提供一个良好的学习环境，使学生在认识和情感方面获得健康的成长，同时有效整合各种教学资源和教学要素，使各种先进的科学技术成果能够在大学英语教学系统中发挥出最大的效用，使大学英语教育的质量和水平获得全面提升，从而实现教学改革的最终目标。

整合意味着使信息技术成为大学英语教学的一个有机组成部分，这就要求大学英语教师要能够妥善处理理论、方法和技术三大要素之间的关系。整合成功之后，信息技术将不再仅仅是辅助教学的一种工具，也将成为推动大学英语教师职业发展的一股强大力量，更主要的是将成为培养学生自主学习和创新思维能力的助推器。此外，信息技术本身也必然会成为学校和教师进行教学评估和教学管理的得力助手。总而言之，广泛、科学地运用信息技术很可能成为决定大学英语教学改革成败的关键因素。

整合了信息技术的大学英语教学，将尤其注重先理解、后操练这样一种教学次序。研究发现，广泛采用体验式、发现式、探求式、任务式等学习模式，将有助于学生的理解活动。而这些学习模式所共同表现出的学习自主性、体验性、开放性、创造性等特点，正是决定这种新型教学模式优势能成功发挥出来

的关键所在。所以，整合的关键之处在于是否能够成功地融合。提高信息技术在教学中的占比水平，只能算是整合成败的要素之一，是否能够充分发挥出信息技术在教学中的各种长处才是决定整合成败的关键所在。上海外国语学院教授陈坚林以学术的视角对信息技术与大学英语整合的理论内涵进行科学定位，把我国信息化大学英语教学研究的理论探索引向深入。他指出，计算机技术突飞猛进，其功能已远远超出辅助的功能。传统的计算机辅助英语教学模式将逐步演变成计算机主导教学模式，计算机能够以教师、学生和同学等多种身份使大学英语教学进入虚拟化、个性化和自主化的生态系统，生态系统中技术、学生、教师和环境各个教学要素的兼容、动态协调进化是整合成功的关键所在。根据整合后的大学英语教学体系特点，陈坚林提出了生态化"整合"理论，他把教育技术学的"整合研究"理论和教育学的"生态化研究"理论结合在一起，对网络环境下的大学英语教学进行了生态化、技术化的整合研究，提出"兼容、动态、良性"的理想化大学英语教学模式，是"生态化整合理论"的核心。

（二）整合信息技术与大学英语教学的必要性

1. 教育信息化使大学英语教学方式和学习方式趋于灵活和多样

在大学英语教学过程中广泛使用各种信息技术，必然会对教学本身产生重大影响。各种各样新的信息技术为改进教学方式提供了物质条件上的保障，同时为教师优化课堂教学提供了丰富的可能性。而各种先进的教学思想和教学理念为当前形势下的中国大学英语教学提供了理论依据。

计算机多媒体和校园网、互联网等各种信息技术在辅助教师创设英语情境，并通过情境教学来培养学生听、说、读、写等全方位的能力方面具有超出传统教学的独特优势。信息技术所创设模拟真实语言环境的虚拟现实语言环境，让学生有身临其境之感，从而可以更有效、更全面地参与到语言实践过程之中。在具体的大学英语教学实践过程中，我们可以采用如下方法：第一，利用多媒体播放一些能够直接展示英语国家真实生活、工作环境或历史文化状况的影片及短视频。这不仅可以让学生真实了解英语国家的风貌，还可以让学生感受英语国家在生活习惯、交际方式、社会文化、风土人情等众多方面与我们的差异，从而体会英语国家不同于我们的思维方式，这样才可能更加准确地运用英语遣词造句，使之符合英语国家真实的行文用语习惯，从而避免学生学了十几年英语，结果只会中国式英语的情况。第二，语言学习中首要的便是听和说方面的训练，而听又是说的基础，所以在英语课堂中，适当运用一些符合教学要求的语音听说设备，让学生充分感受原汁原味的英语交流，并从中学习各种英语词汇和语法，同时训练他们听英语和说英语的能力，很有必要。在更进一步的教学实践环节中，教师还可以通过运用这样的语音设备，让学生进行专题讨论，以及写作训练，不仅提升了学生口头、笔头的表达能力，更可以训练和改善学生对于英语本身的语感。因此，在大学英语教学中使用各种现代电子和信息教学手段，不但可以有效刺激学生在眼、耳、口、手、脑等多方面接收英语信息的能力，还能有效激发学生的学习兴趣，使学生主动参与学习过程。这不仅充分调动了学生作为学习主体的主动性和积极性，还充分发挥了信息技术革新给教学带来的优势，使得课堂教学容量更大、节奏更快、效率更高，从而全面地提高大学英语的教学质量。

由于有了信息技术，教师在教学过程中便有了更大的操作空间，可以选择的资源和方式都更加多样化。信息技术本身就给培养学生综合运用英语的能力提供了很大操作上的便利性和可能性，这首先是因为它能够比较成功地模拟出真实的语言环境，从而使英语教学的内容更符合真实情景，更容易全面调动学生在听、说、读、写等方面的感受，培养他们相关的各种能力，最终深化对英语本身的理解。多元互动的教学模式使得教学方法、教学手段、教学内容、教学组织形式等元素有效地相互交织，融为一个内部充满着互动的统一体，它成功地把较为抽象的教育思想转变成了较为具体具有实操性的教学策略，使得学生能够全方位地进行感受、判断，实践自己学到的东西，进而调整自己的学习行为。

2. 教育信息化改变传统的大学英语教学模式

优化信息化的教学过程，探究信息技术和大学英语教学有效整合的教学模式是信息化大学英语教学的核心。目前较为有效的模式是将传统教学与信息技术进行有机整合。英语学习本身就是一个十分复杂的认知过程，学生需要花费足够的时间和精力在英语学习中，并不断地进行与之相关的体验、思考和感悟，才能切实学会这门语言。现代信息技术凭借其丰富多样的强大功能，给大学英语课堂教学的优化设计带来了诸多可能性，同时还为在课堂教学的过程中充分体现英语学习的实践性提供了物质技术上的支持。毫无疑问，信息技术的发展和进步已经使得课堂活动的每一个环节、步骤、要素都生动而密切地表现出了自主性、体验性、开放性、创造性、实践性的特质。传统的大学英语教学模式主要以课堂讲授为主，学生只需单独领会教师课堂上讲授的内容并完成相应的练习。这种教学模式假设教师在相关内容方面的全知性，这就致使教师所讲授的内容陈旧且单调，甚至有的教师的讲义可能十几年都未曾更新一次。这种以灌输为主的教学模式，极大地限制了学生学习的自主性，显然已经无法适应信息技术飞速发展的时代需要以及各种改革教育观念的呼声。在具体的教学实践中，信息化技术以电子教材取代传统纸质教材，并提供网上学习等新途径，使得传统教学中不可或缺的教师课堂讲授和板书在形式上已经显得可有可无了。教学理论的多元化和多样性为当前的高等院校英语课程教学提供了理论上的支撑。近年来，国际上较为先进的、具有代表性的教学理论有人文主义教学理论、建构主义教学理论等，它们在我们的英语课程教学改革中也发挥着越来越重要的支撑作用，也为我们的英语课程教学注入了活力、带来了生机，对大学英语课程教学方面的改革也起到了推波助澜的巨大功用。

时代在发展，社会各界对大学毕业生英语水平的要求也在不断地提高，再加上大学英语四、六级考试证书和成绩在大学中和社会上具有的重要地位，使得大学生的英语水平已成为衡量高校英语教学水平最重要的参考因素。大学英语教学的目的有两个：一是帮助广大学生获得使用英语进行交流的能力，二是培养出真正拥有国际视野和跨文化交际能力的高端人才。因此，使学生具备自主学习英语的动机和能力，已经成为一般高校大学英语教学最主要的目标之一。

3. 教育信息化构建良好的新的学与教关系

基于建构主义学习理论的自主学习，特别重视个性化学习方式，既注重培养学生的语言交际能力，又关注培养学生在社会文化、话语策略等方面的能力。针对大学英语教学改革的相关议题，教育部特别提出了"基于计算机和课堂的大学英语多媒体教学模式"，这一新的教学模式主要包括：教师的课堂面授以及学生通过计算机进行的自主学习。课堂面授，顾名思义，指师生之间在课堂上面对面地授课，而所谓计算机自主学习则是指，学生通过计算机网络自发进行的学习活动。这意味着，计算机所起的作用，已经远远不只是辅助性的，而是主导性的。当然，由于实际情况和条件的不同，在试点院校中实施的具体教改模式都不尽相同，但这并不妨碍它们在根本上和关键处的一致性。

不同的高校各自具体的条件有所不同，所以教改模式也相应地存在一些差异，但所有这些教改模式必然都会涉及课堂教学、信息技术和自主学习等核心元素。

需要首先明确的一点是，不管是教师还是学生，都需要有一个正确的定位，同时，还需给予信息化本身以正确的定位。英语是一门实践性很强的学科，必须立足于教师和学生之间大量深入的交流，才能有效培养学生对所学语言的实际运用能力。在信息技术的冲击下，教师的职责不再是单纯的知识传输，而是向多极化方向发展，在知识、行为的导航、情感的沟通等多方面起作用。现代教学信息网络为教师提供了五花八门的教学信息，这首先就要求教师凭借自己的经验和对英语教学的把握，从这些信息中筛选出适合自己教学的有用信息，然后根据课程教学目标的需要，在吸收传统课本相关内容的基础上，利用现代教育信息技术设计和开发符合时代需求的教学资源，重新组织大学英语课程的教学形式、教学策略。因此，信息化过程中不仅应该积极凸显学生的主体意识，发挥学生的主观能动性，还应该明确教师在教学过程中的地位和作用，使教师扮演好其作为学生学习过程的指导者、帮助者和促进者的角色，时时刻刻牢记学生才是教学活动的重心，利用情景、合作、会话等方式发挥学生的主观能动性，最终完成使学生学会运用英语的教学目标。同时，也不应该忘记，信息技术毕竟只是辅助教师教学的工具，它始终只能为教师的教学服务，而不能指望它完全代替师生在课堂上开展的教学活动。在教育信息化过程中，我们不仅应该注重技术层面的优化，更要突出学生的主体地位和教师的主导地位，毕竟，教师和学生在课堂上的作用是计算机无论如何也无法完全取代的。换句话说，没有信息技术，课还能继续上，但没有了教师和学生，就不能称其为课堂了。所以，信息化教学本质上只能是将信息技术当作工具为教师的教学活动服务。即便在信息技术开发利用得很好的课堂教学中，仍然有许多环节必须由教师和学生亲自完成。

信息化教学模式的关键问题在于，如何凭借那些现代教学媒体为学生创设出一种理想的教学环境，使他们学习的主动性、积极性和创造性能够被充分地调动起来。不过，这种教学模式的优势是否能完全地展现出来，仍不可避免地受到诸多条件的限制。因此，要想在大学英语教学中真正用好信息化教学模式，就应将它与"产出导向法"进行某种形式的融合。

将大学英语课程与计算机网络技术进行有效整合之后，必然给传统的大学英语课程带来一系列深刻的变化。（1）大学英语教学目标不再是传输语言，而是培养学生的英语运用能力、跨文化沟通能力、自主学习能力以及与信息技术相关的职业素养等。（2）教学内容不再以词汇、语法等语言知识的讲授为主，而是以培养学生的学习策略、学习方法等为主。（3）课程设置不再单单是传统的课堂讲授，而是融合了教师的课堂讲授和学生借助计算机网络进行的自主学习。（4）课本不再只有传统的纸质课本，而是包括无纸化、数字化的课本和资料，以及其他种种在信息技术下产生的学习资料等。（5）教师的角色不再是传统的知识传输者，而是成为学生学习过程中的引导者、协作者以及相关教学资源的设计者和相关教学活动的组织者。（6）学生不再是知识的被动接受者，而是知识意义的主动建构者。（7）教学模式不再是传统的填鸭式，而是面授、自主学习及辅导三方面相结合的模式。（8）教学方法不再是以教师为中心，而是以学生为中心。（9）教学环境不再只有一间用来讲授的传统样式教室，而是包括计算机多媒体教室、虚拟教室等现代化的多功能教室。（10）教学资源不再只有课本、少量的补充材料、学校图书馆外加学校的相关教师等，而是包括庞大的网络资源、在线数据库等。（11）教学评价也不再是那种标准化的、终结性的评价，而是使得形成性评价和终结性评价完美结合起来的评价体系，该评价体系不是只看重成绩单分数，而是也关注对学习策略、学习过程以及学习结果等的评价。课程整合后，大学英语教学的诸多变化有望彻底改变传统课堂教学，为大学英语课堂教学带来一番崭新的、充满生机与活力的景象。

第二节　互联网背景下
大学英语多元互动教学模式研究

一、互联网背景下多元互动教学模式中大学英语教师与学生角色的转变

（一）多元互动教学模式的理论依据

多元互动教学模式，是在互联网背景下以信息技术为核心发展而来的一种新型教学模式。该模式主要表现为在传统教学模式中融入多媒体技术，并促使二者有机结合。建构主义是多元互动教学模式主要的理论依据，建构主义理论认为学习的本质是在学习经验的基础上，对新知识进行自主建构。建构主义强调学习的主动性，同时强调在课堂教学中学生是主体，而教师只是作为指导者帮助学生学习。多元互动教学模式实质上是一种互动式的教学方式，通过加强师生之间的互动来提高课堂教学质量。在传统教学模式下，教师与学生在课堂教学中的互动主要有三种类型，即人与人的互动、人与多媒体的互动、人与学

习资料的互动。其中人与人的互动包括教师与学生、学生与学生之间的互动、沟通与交流，人与多媒体的互动主要是通过大学英语教材中自带的光盘辅助教师完成课堂教学，人与学习资料的互动主要是教师将大学英语教材作为主要的参考依据向学生传授英语知识，而学生以英语教材作为学习资源。多元互动教学模式打破了传统的教学模式，同时转变了教师的教学理念，使得以学生为主体的课堂教学方式逐渐成为大学英语课堂教学的主体模式。

（二）英语教师角色的转变

英语教师首先应该自觉转变自身的角色，尽全力协助学生养成自主学习的习惯和能力，这样做至少可能产生以下三点好处：第一，落实学生在学习过程中的主体地位。这将使课堂呈现出，学生作为学习活动的主体，积极主动地进行自主学习活动。这意味着教师在确定学习内容和学习方法，以及在思考学习过程中可能采用的组织方式和评价标准时，都必须以学生为中心来考虑相关的方面。第二，可以在学生的学习活动和知识本身的建构之间搭建起一座互通的桥梁。在具体的教学环节中，学生通过自主性的学习活动而运用网络学习这一工具，通过这样的学习活动，学生在学习的每个环节中都可以获得参与感，并且能够在学习活动完成时获得整体性的感受和体验。这既帮助学生进行了有效的知识建构，让学生感觉到自己实现了自我价值。第三，使课堂教学与自主性学习获得了统一。尽管课堂教学和网络自主学习并非具有某种统一性的两个概念，但网络自主学习既可以存在于课堂教学之中，贯穿于课堂教学始末，同时又可以将课堂教学"包围"于其中。这样一种网络自主学习与课堂教学的交叉共通和相互影响，不仅有效拓宽了自主学习的范围，同时也让课堂教学的效果和过程得到了实实在在的延展。

（三）学生角色的转变

在互联网背景下的多元互动教学模式中，教师与学生所扮演的课堂角色均发生了不同程度的变化。受到建构主义理论的影响，学生在课堂教学中的角色主要发生了以下变化。

首先，成为学习的自主构建者。学生在多元互动教学模式下，由传统的被动接受者转变为学习的自主构建者。随着互联网技术的不断发展，各种学习软件应运而生，使学生需要学习的英语知识呈现在互联网上，学生可以根据自身的学习情况及学习进度选择不同的学习内容，从而将学习过程自主化，同时合理安排学习时间，以提高学习效率。此外，学生在课堂学习的过程中，可以运用多媒体软件获得丰富的学习资源，自主选择学习内容及方式，还可自主分配学习时间。这样不仅能提升学习的自主性，还能提高学习兴趣。

其次，成为学习的主体。在多元互动教学模式下，学生应明确自身的课堂主体地位，要求教师利用丰富的教学资源以及多媒体技术，在课堂教学中为自身创设贴近课堂教学的情境，使自己在学习的过程中可以更加深入地理解英语知识，同时提高英语知识的运用能力。

最后，成为学习活动的参与者。互联网技术的不断发展为学生创造了良好的学习条件，同时也为学生提供了更加丰富的学习资源，学生可以在学习过程中通过网络学习平台获取信息，不断完善自身的学习方法，同时根据自身存在的问题，合理地选择学习内容。通过网络、多媒体，学生可以将自身与社会紧密地联系在一起，在网络平台上与其他学生进行沟通、交流、讨论，在与他人的合作学习中，不断提升自身的学习能力以及解决问题的能力，从而有效地提高学习效率与质量。

在多元互动教学模式中，互动式助学是其中一个重要特点。互动式助学主要包括资源助学、课堂助学、网上同步和异步助学这三个方面，形成教师与学生、学生与学生、学生与教学平台的互助形式。其中资源助学主要是指教师可以通过互联网获取更多的教学资源，从中整理出有助于学生学习英语的知识，作为课堂教学中的补充与扩展，从而增强与学生之间的互动。课堂助学主要表现为学生与学生之间的沟通、交流、学习，这种方式可被视为协助教学，是学生自主学习的表现；在互联网背景下，学生通过网上沟通、交流，形成一种良好的助学方式，可以有效地提高学生的学习质量，网上同步、异步助学主要体现在教师与学生之间的沟通与交流，通过教学平台实现师生之间的良好互动，有效弥补学生学习时间的不足，促进学生学习质量的提升。

二、以学为主、多元互动——信息技术环境下的大学英语教学模式研究

（一）多元互动教学模式的实施类型

1. 师生教学互动

师生教学互动可以分成课堂互动和课下互动两部分。许多大一新生，刚刚从以应付高考为主要目标的高中毕业，他们的思维方式、学习习惯等往往还延续着高中的状态，一时半会儿还难以彻底转变，因为他们并不具备大学学习所要求的自主学习能力，这使得他们无法充分发挥出大学中各种丰富学习资源和自由学习环境的优势，反而可能迷失于其中。此时，教师积极主动地介入、及时适度地引导，对于他们是大有裨益的。

因此，课堂互动和课下互动都显得很有必要。下面分别从两个方面进行论

述：第一，互动的课堂是多元互动教学模式最重要的组成部分，课堂教学仍然是大学英语课程不可或缺的教学形式。但是这种互动并不是全盘否定传统课堂的知识讲授形式，因为教学的主要目的仍然是使学生系统地学习知识，并掌握专业技能。这种课堂互动需要教师改变和创新教学方法，即在互动的课堂环境中，教师需要设计形式多样的课堂问答、练习、小组活动、课堂自主学习任务等，使学生在完成各项活动的过程中学会新知识并加以巩固，同时使知识学习过程由枯燥变得有趣且容易接受。第二，师生间在课下的互动也是师生互动中的重要部分。现代信息技术的发达使得这种互动不再受到时间和空间的限制，教师可以利用电子邮箱、QQ、微信等媒介对学生进行同步或异步的指导。无论是课上的互动还是课下的互动，教师和学生的角色都发生了巨大的转变，教师不再是知识的传授者，而是扮演着更加多元化的角色——知识的启发者，互动活动的设计者、导演、参与者和裁判员，以及学生学习的引领者和解惑者。学生也从知识的被动接受者转变成学习的主动参与者。

在教学过程中，教师所挑选或设计的话题，应该和学生实际生活中可能遇到的话题密切相关或者具有很大程度的可类比性，这样才可能引起学生就此话题展开交流和讨论的兴趣。在此基础上，教师应该广泛利用各种教学软件以及计算机网络，以声音、图像、动画等多种形式，全方位、立体地呈现课本上的相关知识，使之摆脱传统课堂中那种单调、乏味的形象。与此同时，教师还应该在充分了解学生的认知、情感状况基础上，根据学生的信息反馈，设计出与学生的生理、心理特征相匹配的各种活动和任务，将课堂打造成一座充满民主、和谐气氛的知识圣殿。在具体的教学过程中，师生之间互动的方式可以是多种多样的，比如提问和回答、主题性发言、及时的评价、处理出现的错误，等等。

2. 生生互动

学生与学生之间课上、课下的各种形式的互动，既是课堂上师生互动的自然延伸，也是师生互动的有效补充。毕竟，课堂时间总是很有限的，而教师一个人要同时面对许多学生，更是分身乏术，不可能让每一个学生都完全充分地践行他所需要的足够互动。学生与学生的互动便充分弥补了因课堂时间的有限、教师人数的有限造成的师生间互动的不足，不仅极大地扩展了英语学习的时空范围，而且使得学生能够在更加真实的交际环境中运用他们课堂上所学的英语知识和能力，真正实现在体验中学习、在学习中体验的理想学习状况。这样做是因为，一方面，英语作为一种交流的工具，只有在实践应用中才能被学生更好地掌握。另一方面，学生在完成教师布置的作业和小组任务的时候，需要进行互动，这有利于提高各项学习策略。学生与学生之间的互动形式多种多样，包括但不限于：（1）以完成任务为目的的双人互动，比如两人之间展开对话。（2）角色扮演活动，比如进行一场有声有色的话剧表演。（3）以小组为单位的讨论，比如辩论赛或模拟法庭。实施环境也具有很大的自由度，寝室、英语角、多功能教室、大学生活动中心等场地，在不影响他人的情况下，都可以作为实践相关活动的可用环境。当然，除了直接面对面的互动之外，通过网上聊天室、微信群、电子邮件等信息技术提供的便利方式进行各种文字或语音的互动，也是有效的。

3. 生机多维互动

随着智能手机成为学生学习生活中不可或缺的交流工具，学生上课时偷偷使用手机聊天、打游戏等问题影响了教育教学质量。教师应当因势利导，指导学生如何利用手机进行英语的自主学习。各种练习词汇、阅读、听力和口语的手机APP可以帮助学生提高对英语学习的兴趣,并进一步挖掘其英语学习潜能。

由于大学英语教学内容本身的难度较大,学生在学习的过程中可能会产生知难而退的厌学情绪,因此,大学英语教师在课堂教学的过程中充分使用多媒体、互联网等信息技术在学生感兴趣的事物和教学内容之间建立联系,可以在一定程度上提升大学英语教学本身的趣味性。在具体的教学过程中,利用好多媒体、互联网等先进技术手段,就能最大范围地实现师生间的异步交流和同步交流,使得师生间产生良好有效的互动效果。有了互联网等信息技术,不仅教师可以更好地利用它们创设出更优质的教学情境,学生也可以利用它们来构建出属于自己的英语知识理论体系。有了互联网等信息技术,师生之间的交流就不再局限于面对面的情形,他们还可以借助聊天软件、各种论坛、邮件和留言等交流工具在更广泛的时间跨度和空间跨度上实施有效的交流。这既丰富了英语教学的内容和形式,也使得学生的自主式学习成为一种潮流和必需品。因此,在当前形势下,生机互动已是大势所趋,相应的,生机多维互动的一般模式也就应运而生。

(二)基于网络环境的互动式教学模式的实施策略

1.学生个别化自主学习,教师导学

教师学生策略具体指的是,学生借助教师的引导,独立制订符合自己实际情况的个人学习计划,使用计算机网络等在内的信息技术手段,逐渐深入地开展单元式学习的有序过程。具体包括以下几方面:

(1)制订个人学习计划:学期开始之初,学生需要自主上网下载教师提供的教学大纲、教学实施意见等教学资源,通过学习,在对大学英语课程的特点和教学要求有了大体上的了解之后，根据相关的要求并结合自己的实际情况，制订学习计划。教师除了负责事先提供课程的教学大纲、实施意见等教学资源外，还需要负责审核学生独立制订的学习计划，并实时检查计划的整个实施过程。在此过程中，教师和学生可以通过在线讨论、微信、QQ、电子邮件等信息工具来相互沟通，以便实现学生个别化自主学习和教师导学之间的良性互动。

（2）利用媒体和网络学习：这里主要是指学生自主进行的学习，但自主不等于随意，而是必须考虑自身的特点和实际情况，并在必要时，寻求教师的指导和帮助。自主学习的方式，除了阅读文字教材等相关学习资料之外，还包括通过各种虚拟课堂、直播课堂等方式进行在线自学，相关教学平台上所设置的各种学习栏目和所提供的各种学习资源也可以充分地加以利用。这些栏目包括但不限于以下具体形式：学术动态、课件下载、在线讨论、问题求助、作业讲评、案例题库、学习自测、考前练兵、资料室等；而学习资源的形式也多种多样，包括但不限于以下方面：IP课件、电子教案、重难点精讲、优秀作业、综合小测验等。

教师应该对相关教学平台上各种学习资源进行定期的维护和更新，以便保证资源的及时性、针对性和正确性。此外，教师还应该安排一定的时间，通过视频等方式，对学生进行"面对面"的辅导，以有效解决学生自主学习过程中遇到的各种困难。另外，其他诸如在线讨论、微信、QQ、电子邮件等也是有效的补充方式。就具体内容而言，教师的指导应该主要集中在以下几个方面：知识方面的重点和难点，学生开展信息资料收集工作的具体做法，学生自主学习的进度，相关的检测和评价等。只有教师的辅导具有针对性，且符合学生的实际情况，这样的辅导才算有效的辅导，才可以切实帮助学生形成他们自己的知识体系，使他们的学习更加系统、更具条理，才能够真正强化学生的自学能力。

（3）导入下一单元：经过上一个阶段后，学生如果基本上完成了一个单元重难点知识的学习，就可以进入下一阶段了。此时，教师还应通过在线平台等方式向学生说明下一阶段的学习内容、学习方法，为学生今后的学习提供指导，以便提高他们下一阶段自主学习的质量。当然，此过程需要注意每个学生不同的实际情况，这样才能更具针对性，效果也才会更好。

2. 小组协作学习，教师助学

教师学生主要是指，学生根据教师的指导，组成小组来进行协作学习。小组协作学习的主要内容包括以下几个方面。

（1）重难点讨论：针对学生自主学习过程中遇到的有关重难点问题，先在小组内部展开交流和讨论，这比直接求助教师取得的效果更好。讨论可以以面对面的方式开展，也可以在线进行。在此过程中，教师可以通过各种在线渠道对学生进行辅导，给出建议，及时解惑。

（2）案例讨论：案例教学在信息时代来临之前就已经广泛存在，主要是教师为了帮助学生理解某些较困难的概念所采取化难为易的一种教学方式。有了网络之后，与案例相关的任务就可以通过网络先分配给学生，学生可以在自主学习之后进行小组间和组际间的交流和讨论。与此同时，教师可以进行在线点评，以帮助学生准确把握相关的要点、原则和方法。这些小组内部学生之间、小组之间、学生与教师之间的互动，对于培养学生的学习兴趣，以及加强学生对于知识点的理解和把握，都有着巨大的推动作用。

（3）学习方法交流：此外，在线学习的一大好处就是，为师生、生生间各方面的交流都提供了便捷的渠道和方式。从学习计划、具体知识和技能到心得体会等方方面面，都可以展开交流。通过这种交流，学生不仅学到了要学的知识和技能，还学到了关于学习本身的知识和技巧。这不仅有助于某一门具体课程的学习，也将有助于一切领域的学习。这就是"方法论"的大用。当然，教师作为过来人，也应该积极向学生介绍自己的学习方法和经验，尽量使学生在以后的学习中少走弯路。

3. 学生考核，教师促学

考核一直以来都是检验学习效果的一种重要手段。在新的教学模式中，它也可以作为判断这种以网络为基础的互动式教学模式是否可行的一个重要标准。考核一般可以从以下几个方面进行。

（1）自检自测：自检自测是学生自己对自己进行的考核，可以采取传统做纸质试卷的方式，也可以利用一些计算机软件或者网络题库系统进行类似的测验。教师也可以更有针对性地自编一些测试题提供给学生，让他们自由选择其中的部分进行测试。此外，教师还应该持续追踪学生的学习情况，并定期检查他们学习计划的完成情况、自主测验的结果和效果等。只有这样，才能让学生切实按照学习进度来完成每个阶段的学习任务，达到相应的学习目标。

（2）形成性考核：形成性考核主要是考核学生学习过程中的相关表现，为的是及时动态地掌握学生的学习情况，加强对学生学习过程的管理，并及时为其提供相应的指导。通过形成性考核可以使得对学生的指导和帮助更加及时，且更具有针对性，有利于因材施教。同样，还有助于学生养成良好的学习习惯，避免出现"平时不烧香，临时抱佛脚"那种考前突击式学习场面，这对于维护学生的心理健康也有重大意义。毕竟，不仅考前突击会带来许多的压力，万一突击不成，"挂科"了，压力会更大，同时也不利于更进一步的学习。

（3）终结性考核：终结性考核主要是为了检验学生对相关理论知识的掌握情况，除此之外，也能看出学生在分析问题、解决问题等方面所具有的水平。一般来说，学生终结性考核的成绩可以大体上体现出他英语课程的学习水平。教师可以提前编写一些相关的复习指导手册和练习试卷，既方便学生回顾整个学期所学的内容，也可以模拟真实场景，缓解学生的临考压力，使得学生能够在正规的考试中真正地发挥出自己的真实水平。

第三节　信息化环境下大学英语立体式教学模式研究

一、大学英语立体化教学模式概述

立体化教学是以学生为中心，关注创新教育的一种教学模式，充分考虑学生的学习心理，设计人性化的教学结构。大学英语是一门实践性和应用性都十分强的学科，学生想要具备较强的英语能力，需要扎实地学习课本上的知识，同时通过实践将英语知识运用到生活中。这就需要在传统教学方法的基础上，采用先进的教学理念和教学思想，运用现代化的教学手段，形成全新的立体化教学模式。立体化教学模式充分利用网络教学资源，突破时间和空间的限制，有效提升了英语教学的效率，将课堂教学与课后实践很好地结合，提升学生的综合学习能力。

二、立体化模式在大学英语教学中的作用

（一）带给学生全新的体验

随着网络信息技术的不断深入发展，网络通信技术实现了质的飞跃。在这样的背景下，立体化教学模式应运而生，这种全新的学习方式在某种程度上促进了终身教育的发展，也得到了相关教育学者的认可。在英语教学中构建立体化教学模式系统模型的可行性。首先，立体化教学模式能够打破传统学习方式。目前，立体化教学模式并没有明确的概念和定义，它是以网络通信技术为基础，结合多种教学方式进行学习的一种现代化先进方式。因此，在立体化教学模式系统模型中，不仅包含使用移动设备的学习、扩展实景式学习，跨地点学习同样属于该范畴，立体化教学模式在学校正常教育的基础上，尝试用网络技术来提升教学质量以及管理水平，呈现出其独特性等优势。创建不受时间与空间限制的学习环境，是每位教师共同追求的目标，将立体化教学模式模型引进英语教学中，能让教学遍布各个角落，教师不仅可以将所传授的知识提前上传到平台当中。其次，立体化教学模式能将教学信息、教学课件等长期保存到移动设备中，及时共享给平板电脑、笔记本、手机等多种电子设备。立体化教学模式系统能够充分转变原有的教学模式，为学生带来全新的学习体验，对教学实效性及学生兴趣的提升具有重要意义。

（二）具有很强的适用性

立体化教学模式系统对于语言类学习尤为适合，最早开发的立体化教学模式系统就包含了许多语言类的学习项目。但学习语言不是一蹴而就的，它涉及

的内容种类复杂，相比其他立体化教学模式项目，语言类项目的进展与开发相对较为迟缓。随着时间的推移与现代化网络技术的日益成熟，当前，立体化教学模式已形成了独立完整的语言系统。21世纪，移动通信设备全面进入大众消费时期，这一转变为英语立体化教学模式系统模型的构建提供了契机，并且国外许多国家已经提供了较为丰富的值得借鉴与参考的研究成果，这让国内学者们看到了新希望，他们认为立体化教学模式必然会成为英语学习将来发展的方向。目前，国内英语立体化教学模式软件已较为普遍，比如新浪、搜狐、百度等影响力较大的网站都相继开发了移动设备的学习软件。国内目前最为完善的新东方英语培训中心，就运用自身开发的独特系统，培养了大量优秀英语专业人才，其教学团队与北大教育研究中心共同编制了适用于英语立体化教学模式的教材，为各大高校构建英语立体化学习模式提供了有力的参考依据。

三、信息环境下大学英语立体教学模式的应用策略

（一）提高教学资源质量

信息教学是依托信息时代而言的，而信息时代具有交互性、开放性、丰富性等特点。因此，教师应把握信息教学的特点，充分发挥其优势，利用网络大数据为学生提供丰富的教学资源，凭借网络带给学生的趣味性构建网络课堂。网络课堂能够突破时间、空间的限制，使学生足不出户便能学到知识。但网络教育也有其不足之处，对于学习不够主动的学生来说，网络课程无法有效提升学生的学习效率。为此，教师可在网络课程上发布短时教学视频，视频内容设置为上一节课的重点、难点内容以及下一节课重点学习的内容，也可设置为悬念问题，引发学生思考，并在新课开始之前对学生进行提问，使学生自发展现

学习成果，为新课教学奠定基础。专业化教师队伍是教学环节中最重要的资源之一，而我国部分大学英语教师专业能力不足，无法满足学生的学习需求。为此，大学可为英语教学建设专业化师资队伍，队伍中不仅需要包括专业化本土英语教师以及外籍教师，还需包含具有信息技能的专业人员。本土英语教师可保障学生对英语知识的充分理解，外籍英语教师可有效提升学生的英语语感，增强学生听、说的能力，专业信息技术人员可帮助教师利用信息技术手段为学生直观地展现英语知识，从而使教师在课堂上更好地营造教学情境，充分吸引学生的注意力，提升学生的学习兴趣。建设专业化教师队伍还需创新原有评估体系，将教师的教学能力、教学表现等作为评估指标，同时建立考核机制，筛选专业技能不足的教师，并对其进行培训，使其具备优秀教学技能。大学还需定时为教师开展教学技能培训讲座，及时更新教学内容，真正做到与时俱进，从而提升学生的学习效率。

（二）转变教学理念，创新教学模式

信息化教学是一种全新的教学模式，它利用信息资源为学生提供教学内容，并将学生作为课堂主体，以此培养学生的自学能力与表达能力，甚至是道德情感能力。教师可创建一个英语学习的公众号，每天发布相关知识，并将课堂教学中的重点、难点再次利用有趣的方式为学生展现；同时开放评论功能，学生可在公众号上发布自己的言论与看法，真正发挥信息化时代言论自由的特点。教师可通过评论了解学生对英语的真实看法，也能充分了解学生的学习特点，从而根据学生的评论内容满足学生的学习需求。英语教学较为枯燥，大部分学生学习兴趣不浓，要想将英语教学转化为学生主动接受的趣味性教学，可利用

丰富的信息资源将新课导入。导入新课这一教学环节是整个教学体系的基础，对学生是否能够投入课堂之中有着很大的影响力。教师可在导入新课这一环节，利用信息资源的丰富性与开放性，从不同的方面与角度为学生提供教育资源，并将其用多样的方式呈现给学生，激发学生的学习兴趣。有时，教师可将教学内容进行筛选，为学生创建有趣的情境，使学生投入情境中，主动参与学习；教师也可利用悬念，诱发学生的学习动机；或利用信息技术手段，为学生营造趣味课堂氛围，为新课讲解做出铺垫。大学英语教学中会出现较多的教学重点与教学难点，教师要适当挖掘教材的潜在内容，利用信息技术手段为学生创设情境，使学生直观地感受到情境中的语言、环境等，融入角色中，引起共鸣。例如在讲解与国外文化相关的教学内容时，教师可利用多媒体课件为学生展现相关国家的整体面貌、风土人情等，并利用多媒体展现所学内容的背景知识，使学生注意力保持集中，积极参与课堂活动。此外，教师也可将学生分为小组，时常询问小组协作类问题，以此培养学生的团队协作能力，并能利用团队工作监督部分学生。

（三）建设一体化的移动环境

在构建立体化教学模式系统模型的初期，学校首先应解决两个重要问题，其一是构建能够成为立体化教学模式系统应用与拓展网络环境的载体，其二是搭建适合立体化教学模式系统模型特点的学习资源呈现方式及内部组成结构，并且对信息化学习资源进行重新组合与建造。新创建的无线网络与有线网络、重新创建的立体化教学模式资源以及信息化学习资源应充分结合，最终形成一体化的信息集成学习环境。在建设校园网络的过程中，无线网络将会长期成为传统有线网络的扩充。有线网络是以区域示范的形式进行布局，存在网络覆盖范围窄、网络信号不稳定等弊端，无法满足学生学习英语的需求，降低了学生的学习效率。支撑英语立体化教学模式的校园无线网应具备高效、迅速、拓展等特点。其中"形式"也就是所谓的网络规模，它主要指的是无线网络在布局上应全面考虑到信号的稳定性以及网络的覆盖范围，分析用户的密集度，确保学生在使用时能够在校园的网络覆盖范围内，自由连接无线网，实现移动互联网的现代智能化。无线网络与5G网络、宽带网络之间要相互衔接，从而实现网络之间共同认证及资料分享、传输，为英语立体化教学模式提供更为广阔的空间。

现在的学生多数为"00后"，网络信息技术的飞速发展，不仅改变了他们的生活方式，同时也影响着他们的思想价值观念。在传统的教学方法下，学生对学习的兴趣逐渐丧失，立体化教学模式将现代信息技术与传统教学模式相结合，形成适合现代大学生发展、符合时代潮流的教学模式。立体化教学模式具有很强的适应性，能够带给学生全新的体验。通过提高教学资源质量、转变教学理念、创新教学模式、建设一体化的移动环境，能够有效将立体化教学模式应用在大学英语教学中，从而探索大学英语教学新领域，使学生的发展与社会的需求相契合。

第四节　大数据视域下的高校英语教学模式创新分析

一、大数据视域下优化高校英语教学观念

大数据时代背景下的高校英语教学模式创新，必须充分重视英语教学观念对英语教学水平提升所产生的影响。随着信息化时代的到来，高校应该将促进英语教学质量的提升以及培养优秀英语专业人才作为其教育教学活动开展的首要目标。而英语教学观念的转变则是确保这一目标顺利实现的关键。调查研究发现，很多高校都存在着英语教学观念落后的现象，这是导致高校英语教学无法适应信息化社会发展需求的重要原因之一。为了改变这一现状，高校必须紧跟大数据时代发展的步伐，积极进行英语教学体系的重新调整与设计，同时要求高校英语教学工作者转变传统英语教学理念，通过建立高校内部信息化与数字化英语教学体系的方式，促进高校英语教学质量和效率的不断提升。

二、大数据视域下创新大学生英语学习形式

大数据时代为全民信息化时代的来临奠定了良好的基础。通过对影响高校英语教学效率提升原因的分析发现，在进行大数据视域下的英语教学模式改革与创新时，教师教学手段的丰富以及教学方法的创新，不仅是促进学生英语语言应用能力不断提升的关键，也是衡量教师教学能力高低的重要标准。高校英

语教师必须积极学习先进的英语教学理念以及教学设备操作的方法，才能促进其英语教学能力和效率的全面提升。比如，使用多媒体、微课或者慕课的英语教师比使用传统口头教学、提问或者板书教学的英语教师不仅更受学生的欢迎，学生学习的主动性和积极性也相对更高。因此，教师必须紧跟大数据时代发展的步伐，充分发挥信息技术的优势，将学生的兴趣爱好与英语教学紧密地结合在一起，引导和鼓励学生运用现代、科学的方法学习英语，从而达到促进学生英语学习质量和效率不断提升的目的。

三、大数据技术可以更好地了解大学生的切实需要

大数据不仅具有数据收集、分析的能力，而且利用大数据得出的数据分析结果的准确性以及参考价值也相对较高，高校必须充分利用大数据的这一特点，收集和整理大学生英语学习的实际需求，然后根据最终的数据分析结果，制定切实可行的英语教学策略，以满足大学生英语学习的要求。比如，高校可以通过了解大学生使用的搜索引擎方式把握学生学习的兴趣和需求，寻找学生学习英语知识的兴趣点，然后再根据学生学习的兴趣，制订英语教学计划并安排英语教学内容。另外，高校还可以采用填写网络调查问卷的方式，征求广大学生对英语教学的建议和想法，然后根据实际情况及时地进行英语教学方法的改革与创新，以达到促进高校英语教学质量和效率稳步提升的目的。

四、大数据视域下可以更好地实现个性化教学

信息和数据泛滥是大数据时代最显著的特点之一，如何在海量数据信息中选择符合自己需要的信息对于学生的学习具有极为重要的影响。这就要求高校

英语教师在日常教学过程中，必须在加强学生信息选择能力培养的同时，要求学生运用外界力量就自身潜在的需求进行隐性知识的挖掘，确保学生能够顺利地找出符合自己要求的信息。比如，高校图书馆中有丰富的学习资料以及学术资料等数据信息，为了充分发挥这些数据信息对学生学习的帮助，高校应采取积极有效的措施为学生提供个性化的服务，促进图书馆资源利用效率的不断提升。另外，高校应该紧跟大数据时代发展的步伐，积极利用多媒体教学设备激发学生的兴趣，如通过多媒体播放美剧，为学生营造良好的英语学习环境，引导学生在轻松愉悦的环境下学习英语知识。

五、基于学生需求实现个性化英语教学

大数据时代除了能给我们带来众多好处之外，还会给我们带来一些"麻烦"，这些麻烦中最大的就是信息泛滥。面对海量的信息，没有足够辨识力、没有成熟地掌握相关信息搜索技巧的学生，很容易迷失在信息的汪洋大海之中。因此，外在的帮助就显得颇为必要。这些外在帮助可以采取以下几种方法，比如，为学生划定一个较小的范围、提供明确的方向、给出具备操作性的线索等。

举个例子，传统高校的图书馆一般所藏书籍都浩如烟海，在信息化、大数据时代，多种媒介所藏资料的总数，其增长之快难以估计。这就促使高校图书馆应该采用更加科学、细致、明确的分类标准，方便学生进行检索，同时，应该定期开展相关培训，不仅给学生提供资料方面的服务，而且给学生提供查找资料方面的服务，让学生能够充分利用这一知识的"天堂"。

再举一个更贴近学生生活的例子——英语原声剧作，特别是英美流行的电影和电视剧。许多学生，即便完全对英语不感兴趣，也喜欢看原声影片（当然

需要配上中文字幕），它们具有某种天然的吸引学生兴趣的优势。这就使得相关的制作者、平台和服务商对英语学习本身产生较大的影响和作用。首先，相关行业和从业者对其所在的行业学习英语的重要意义应该有明确的自我意识，并据此进行准确的定位。比如，在广告和宣传中强调相关的异域风情和异域文化对于广大学生和社会人员的现实意义，既能使得影片本身散发出更强大的吸引力，同时也能让观众通过观看该影片切实地获益，改善自己的学习和生活状况。其次，政府和社会积极合作，引进更多优秀的剧作，让广大人民都能从这种娱乐方式中获得教益，不仅对英美文化有了更深入、更全面的了解，也直接或者间接地提升了人们学习英语的热情。

第三章 微时代大学英语移动教学方法实践

移动教学是指在移动的学习场所或利用移动的学习工具所实施的教育，学生和教师使用移动设备实现交互式教学活动。随着媒体走进教学、走进课堂，移动网络教学成为新兴教学手段而受到教师和学生的好评。移动教学媒体不但能使课堂教学变得活泼生动，更能在极大程度上变抽象的知识为具体。本章重点解读移动教学的发展现状、移动学习的基本原理阐释、移动学习在英语教学中的应用、微时代背景下英语移动教学研究。

第一节　移动教学的发展现状

一、移动教学的基础知识

经过近几年的迅速发展，移动教学正发生着深刻的变化。在线教育进入爆发期，移动教学作为在线教育的一种形式发展迅速。以 iPad、智能手机为代表的移动终端设备的大面积推广应用，使得移动教学成为课堂学习的有力补充方式，以电信网络运营商、校园网络平台、学习资源网站为代表的多种形式的网络资源给移动教学带来了前所未有的良好条件。现代社会信息量加大，人们在有限的时间和空间范围内不能有效地完成学习内容，于是零散的时间和移动的空间就成为一种补充。这就为移动教学提供了主观环境，学习的强烈愿望使人们寻找充分利用业余时间学习的方式。最早的移动教学是使用非电子介质的载体，比如书本、笔记、纸条等，随着通信技术和移动技术的发展和广泛的应用，移动教学也得到了大跨越式的发展。

通过移动教学相关文献的调研，我们了解到目前有很多专家和学者对移动教学的概念进行了研究。移动教学起源于 2000 年美国加州大学伯克利分校的研究项目，其发展速度出人意料。2000 年移动教学与学习的概念首次被中国大众所熟知。移动教学，在如今的教育技术领域已经成为一个激动人心的话题，吸引了大量的研究者进入这个领域。目前，关于移动教学还没有一个明确、统一的定义，众多定义从不同角度阐释了移动教学。

（一）移动教学的定义

国内外学者对于移动教学较权威的定义主要包括以下几个。

（1）由于人们地理空间流动性和弹性学习需求的增加而使用移动终端设备进行的一种新型教学方式。（2）移动教学是一种在移动计算设备帮助下能够在任何时间、任何地点开展的学习，其所使用的移动计算设备必须有效呈现学习内容并提供教师与学习者之间的双向交流。（3）移动教学是移动计算技术和 E-Learning 的交点，它能够为学习者带来一种随时随地学习的体验。（4）移动教学就是能够使用任何设备，在任何时间、任何地点进行学习。（5）移动教学是通过 IA（Information Applications）设备实现的数字化学习。（6）移动教育指依托目前比较成熟的无线移动网络、国际互联网和多媒体技术，学生和教师通过使用移动设备（如手机等）更为方便灵活地实现交互式教学活动。

（二）移动教学的内涵

首先，移动教学是在数字化学习的基础上发展起来的，是数字化学习的扩展，它有别于一般学习。移动教学并不是什么新鲜事物，因为在传统学习中印刷课本同样能够很好地支持学习者随时随地地进行学习，可以说课本在很早以前就已经成为支持移动教学的工具，而移动教学一直就在身边。由此可见，移动教学作为一个新概念、新事物，必须与传统学习有所区别，否则将失去它的意义。

其次，移动教学除了具备数字化教学的所有特征之外，还有它独一无二的特性，即学习者不再被限制在电脑桌前，而是可以自由自在、随时随地地进行不同目的、不同方式的教学，学习环境是移动的，教师、研究人员、技术人员和学生都是移动的。

最后，从实现方式来看，移动教学实现的技术基础是移动计算技术和互联网技术，即移动互联技术；实现的工具是小型化的移动计算设备，或者上述所说的 IA 设备。在对移动教学的概念进行讨论的过程中，可以对移动教学实现的设备从特征上做出分析：可携带性，即设备形状小、重量轻，便于随身携带；无线性，即设备无须连线；移动性，指使用者在移动中也可以很好地使用。根据分析，目前支持移动教学与学习的 IA 设备主要是指 WAP（Wireless Application Protocol）蜂窝电话、PDA（Personal Digital Assistant）和混合设备（指混合了移动电话的语音功能和 PDA 数据处理功能的设备）。但是随着技术的不断发展，相信在不久的将来会出现更多同类型的设备。

根据当前对移动教学与学习的研究与界定，我们可以发现，移动教学与学习应至少包括以下四项要素：移动的学习者、利用移动设备、与移动网络相连接、在移动的情境中开展学习。以上对移动教学的定义，从不同的侧面揭示了移动教学的特点和内涵。在这样的界定之后，我们对移动教学就有了一个比较全面的了解。但是，已有的研究成果并没有给移动教学下一个明确、统一的定义，在已有的众多定义中，均是从不同的角度对移动教学进行阐述。移动教学是使用移动终端，呈现微型教学内容，并利用片段化时间，随时随地进行的一种新型个性化学习方式。

（三）移动教学在国内的发展阶段

移动教学在国内的发展主要经历了萌芽期、发展期和爆发期三个阶段。

1. 2003—2006 年

移动教学的萌芽期。在这个阶段，从 2003 年开始，随着手机短信和 WAP 的兴起，将这些技术用于促进学习，成为远程教育技术研究者所关心的话题，主要形式是短信和 WAP 网站。由于信息量少、浏览速度慢等缺点，移动教学远远没有形成规模。当时的设备还没有操作系统，智能手机的概念还不为人所知，移动教学也同样处于萌芽时期。

2. 2006—2010 年

移动教学的发展期。在发展期中，自 2006 年以后，智能手机率先在商务人群、白领、上班族中兴起，那时的智能手机操作系统繁多，主要是诺基亚的 Syrobian、微软的 Windows Mobile 等，还有联发科的 MTK 平台，智能手机设备的小范围普及，用户在数千万级别时，对智能手机软件应用的需求自然开始上升。此时有一部分企业开始研发移动学习软件。当时移动教学与学习市场的需求，以单机版下载为主，通过 PC（Personal Computer，个人计算机）安装至手机设备。Android 和 iOS 设备自 2008 年以后才开始兴起。

3. 2010 年至今

移动教学的爆发期。自 Android、iOS 在中国的迅速普及以来，各类学习有关的 APP 的数量估计在 10 万款以上，移动教学和学习的 APP 进入了爆发期。大量的企业开始开发移动教学的 APP，主要分布于幼儿应用、中小学、成人教育、职业培训等各个领域，预计这个爆发期一直会持续下去。

（四）移动教学设备

移动设备的发展是建立在电子信息技术、无线移动网络技术等的基础上，经历了从无到有，由模拟到数字，再到智能化的发展过程。其代表设备分别是智能手机、iPad、便携式电脑以及 PDA。

1. 智能手机

智能手机就是一台可以随意安装和卸载应用软件的手机，并且有专用的操作系统软件。在 4G 通信网络的支持下，智能手机势必将成为一个功能强大，集通话、短信、网络接入、影视娱乐为一体的综合性个人手持终端设备。随着手机、无线通信技术的飞速发展，智能手机、PDA、PPC（Power PC，掌上电脑）之间的区别已经不是十分明显了。智能手机将会成为以后移动学习的主流设备。

2. iPad

iPad 是苹果公司于 2010 年发布的一款平板电脑，是一种介于智能手机和笔记本电脑之间的电子产品，具有邮件、图片、视频、游戏、YouTube、记事本、iPod、iTunes、APP Store、iBooks、iWork 等强大功能。

3. 便携式电脑

便携式电脑通常称为笔记本电脑，与台式机相比，笔记本电脑具有体积小、重量轻、携带方便等特点，加上无线网络技术的配合，笔记本电脑广泛应用于教育领域，成为移动学习的主要学习工具。先进的笔记本电脑，例如平板电脑，不仅具有笔记本电脑的所有功能，还增加了提高移动计算能力的功能，这大大提高了移动学习的效率。

4. PDA

PDA 也称作个人数字助理，是具有轻便、小巧、可移动性强等优点的掌上电脑，可以通过 GPRS 方式进行无线上网，被广泛运用于学校管理、课堂教学等学校的日常活动中。

二、移动教学与学习的研究现状

有关移动教学与学习的研究始于 2000 年，2001 年 12 月份教育部做出了关于"移动教育"的理论与实践研究项目立项的通知，我国关于移动教学与学习的研究正式开始。目前，关于移动教学与学习的研究在国内外蓬勃发展，并取得了丰硕的研究成果。

（一）国外研究现状与成果

1. 移动设备应用教育的可行性研究

M-Learning 这一新名词刚一出现，许多针对移动设备应用于教育领域的研究工作就随之展开了，这些研究从认知和教学角度出发，考查移动设备应用于实际教学和学习的可行性。一些研究者以学习理论为基础，通过实验来检验移动设备在辅助学习者进行阅读时的有效性。另一些研究者通过对学习者的学习特征进行分析，论证在何种学习情境下使用移动设备最为有效。大多数研究者表示，PDA 和 WAP 手机等移动设备目前只是在学习手段上的一种扩展，它们不能够替代现有的学习工具。更重要的是，并非所有的学习内容和学习活动都适合使用移动设备。

2. 资源的开发

芬兰赫尔辛基大学试图将 WAP 技术应用于高等教育中，希望为学习者和教师创建一个可操作的移动教学与学习环境，从而使学习者和教师能够通过 WAP 手机或 Smartphone（智能手机）随时随地访问教学和学习资源。

3. 短信息服务

由于短信息服务在使用上的广泛性，一些研究者开始尝试将其应用于教学和学习中，英国金斯顿大学进行了评价短信息服务应用于教育教学有效性的实验。根据实验需求他们开发了一套短信息服务系统，可用于向学习者发送课程安排、考试安排和考试成绩等信息。

4.WAP 教育站点的建设

英国通过分析 16~24 岁的欧洲青年人的学习特征，开发和建立了支持移动教学与学习的 WAP 教育站点。由于 WAP 教育站点对移动教学与学习所起到的关键作用，在过去的几年里许多大学陆续建立了自己的 WAP 教育站点。

5. 与终身学习、协作学习等的结合

芬兰的坦佩雷大学针对协作学习开发出了被称为 X Task 的移动教学与学习系统，它能够支持台式电脑和 PDA 设备的访问，包含多项支持协作学习的功能，如电子邮件、聊天、讨论区和概念地图等。

（二）国内研究现状与成果

1. 移动教育解决方案征文和立项项目

教育部于 2002 年组织北京大学、清华大学和北京师范大学着手进行了一些移动教育研究项目。我国有关高等学校和有关单位向教育部高教司联合申请的"移动教育"的理论与实践研究项目已经立项。

2. 移动教育实验室和移动网站的建设

2001 年 5 月北京大学建立起了国内第一个移动教育实验室，其研究开发了三个版本的教育平台和语义网络平台，利用语义 Web 技术提高教育服务平台的智能性，建立多功能的教育服务平台。高校可基于全球移动通信系统 GMS 网络和移动设备平台,利用短信开展移动教育,也可基于 GPRS 无线服务技术平台,开发适合多种设备的教育资源。

3. 英语移动学习

新浪短信频道与新东方英语教育在线联合推出了"新东方移动英语课堂"即直接通过手机发短信形式为在职人员等手机用户提供英语学习资源；中国英语教育网以浙江大学为依托，面向全国大中小学教师建立了英语教学资源库，打造全新的手机付费平台。

（三）国内研究现状的分析

在对移动教学与学习的研究现状理解基础上，再对移动教学与学习的研究现状进行分析,对以"移动教学""学习"为关键词所检索到的论文进行统计分析。从时间维度看国内移动学习研究的趋势，通过文献检索所得到的与移动教学与学习相关的论文共 149 篇，分别发布于 2010 年到 2019 年。通过分析可以得出，移动教学与学习研究论文的数量呈逐年递增的趋势（2018年出现了一次拐点），这表明移动教学与学习在我国的关注度逐渐提高，研究范围逐渐扩大。

通过对移动教学与学习相关论文的研究目标分类进行统计分析，可以得知在国内移动教学与学习的研究中，理论研究、开发研究和实证研究占绝大部分，解释研究和评价研究次之，后现代研究几乎没有。理论研究的论文之所以处于领先地位，这与移动教学与学习在我国目前的发展现状密切相关。移动教学与学习被认为是新一代学习和终身学习一种很好的学习方式而受到广泛关注，但实际上移动教学与学习在我国只得到了小范围的应用，故还是理论研究的最多，其次才是开发研究和实证研究。然而二者的差别不大，这说明，大家在关注技术的同时，也在试图将移动教学与学习应用于实际教学中。解释性研究只是在开始几年内受到关注，研究的论文数量不多。评价研究是在最近几年才开始受到关注，人们在试图进行移动教学与学习的同时，也开始关注它的绩效问题，但数量较少。

从大量文献研究中发现，虽然国内移动教学与学习的发展势头良好，但关于移动教学与学习的研究尚处于理论定性研究的初级阶段，为了使移动教学与学习真正普及于我国的教育事业，就需要认清这些问题并采取相应的措施去解决这些问题。

目前对移动教学与学习资源建设的理论基础和技术基础研究的文献很多，移动学习资源与网络学习资源均被视为数字化学习资源的一种类型，但较网络学习资源而言，移动学习资源又有其本身的特点，主要体现在：移动学习资源主要是学习者通过移动电话、PDA等移动设备浏览访问的，其呈现形式简洁、概括性较强；移动学习的灵活性和随机性很强，对学习内容的获取比较随机。因此，移动学习资源与网络学习资源不同，信息内容的承载量不是很大，而是呈现小而精的特点；网络的普及使得不同年龄、地位、职业的人都能轻松地融入网络学习中来，而移动学习作为一种新型的学习形式大都首先在青少年中展开，因为年轻群体往往更容易接受新生事物。

移动学习资源的开发应遵循以下几项原则：（1）适合原则。学习地点的移动性，使得学习者周围的学习环境将不同于安静的教室、宁静的书房和秩序井然的图书馆等固定的学习场所，学习过程无疑会受到干扰，因此移动学习资源开发必须坚持适合的原则。（2）零散原则。没有相对完整的学习时间是移动学习者的又一特点，因此移动学习资源开发时应遵循零散原则，给学习者步步为营、各个击破的学习成就感，激发其学习成就动机，从而达到有效学习。（3）简单原则。手持设备 CPU 处理能力和内存都是有限的，学习者易受外界高度干扰且其学习时间又是分散的，因此开发移动学习资源必须坚持简单原则，即界面简洁、操作简单、少图像、少视频、文字说明应简洁明快、可用颜色提示知识点的重点和难点。

另外，从学习者的特征和学习风格的角度审视，移动学习资源的开发还应关注以下几个方面：移动学习资源的创设应立足于学习者参与，不能引起学习者兴趣的学习资源是无法得到良好利用的。移动学习资源的创设要承认学习的差别性，要在内容难度、媒体、语言、色彩使用、浏览界面设计等方面考虑不同学习者的习惯与爱好，尽量设计出个性化丰富的资源。移动学习过程是一个独立学习、随机性的过程，同时又是一个需要小组互助、彼此激励的过程，在创设移动学习资源时应尽量考虑上述因素。创设移动学习资源同样需要教学设计，应有明确的教学目标，同时还应提供如答疑系统、自测系统、互动讨论系统等的支持服务，以帮助学习者有效地自学和协作学习。

移动教学资源建设新要求。学习资源的开发是一项系统工程，涉及多种教育教学原理和开发技术，需要根据移动教学的学习环境、学习工具及学习过程的特殊性进行设计开发。在移动教学的过程中，由于学习的特殊性，对资源的设计和开发提出了以下新的要求：

（1）移动教学的学习形式是"移动"的。斯坦福学习实验室的研究表明：人在"移动"中，是和注意力的高度"分散"相关联的，学习者在一定的"零碎"时间中进行学习，移动所带来的各种新的学习上下文的关联及其传递性，也是与固定、大容量等学习方式有所不同的。因此需要开发适用于移动教学这种"碎片"式学习的学习资源。

（2）移动教学资源主要是学习者通过手机、PDA 等移动设备进行呈现。由于移动设备显示屏一般较小，因此要求移动教学资源内容页面较小，导航和菜单简单明了，内容的表现形式以文本、图片为主，尽量少用移动、flash 等动态显示方式，正文和背景的颜色对比要符合人的视觉特点等。

（3）由于移动教学的灵活性和随机性很强，因此对学习内容的获取也比较随机，而对信息反馈的速度要求能快速反馈，内容尽量简单明了，这就要充分体现移动教学资源信息内容的承载量小而精。

（4）移动教学大都首先在成人学习中展开，在进行移动教学资源的建设时，需要充分考虑使用对象的心理特点和个性化特点，注重建设适合以成人学习群体为主体的移动教学资源。关于移动资源建设的相关技术基础，目前，移动教学主要采用 SMS、WAP、HTTP（Web）、λ C/S 四种开发技术。对于移动教学资源建设理论基础和技术基础的研究和移动教学的整体研究一样，目前处于初级的研究阶段，如何完善其理论研究和资源建设的开发技术并更好地运用于实际的移动教育，仍亟须解决。

第二节　移动学习在大学英语教学中的应用

一、移动学习在英语教学中应用的原则

1. 学习形式的多样性原则

移动学习借助于无线移动设备，通过手机、电子阅读器、小型掌上电脑等终端进行学习，因此适合移动学习模式的教学任务设计应充分结合体验式学习、讨论式学习、协作学习、自主学习、个性化学习、在线学习、离线学习等多种方式，便于学习者随时随地地完成学习任务，取得最佳学习效果。

2. 知识内容的碎片化原则

移动学习受到时间零碎间隔、学习环境多样、学生注意力不持久等因素的限制，在每一个学习内容设计上要做到短小、细微，各个知识点相对独立，学习者可以在碎片化时间内完成单个独立的知识点学习。

3. 知识体系的完整性原则

尽管单个任务设计遵循碎片化原则，但作为知识整体，在学习内容的各个

知识点之间，应做到连续和完整，针对学生认知特点，由浅入深，循序渐进，使相对独立的学习任务设计前后连续，从整体上确保知识体系的连贯性和学习的灵活性。

4.用户交互的友好性原则

移动学习任务和资源的呈现要充分结合文字、图形、图像、音频、视频和动画等不同形式，增加内容的趣味性。基于移动学习的教学任务和资源平台设计应结合体验学习理念，以游戏和情景创设等方式设计学习者参与的活动，激发兴趣，在互动交流的情景中学习。

二、移动学习在英语教学中应用的方式

针对移动学习在英语教学中的应用，在上述原则的支配下，研究者提出了许多基于移动学习终端的应用模式和学习方式，其中应用最广泛，影响最大的移动学习模式主要有基于短消息交互的模式、基于连接浏览的模式、基于视频通话交互的学习模式等。总的来说，无论采用哪种模式，从内涵来说，英语教学中移动学习的应用体现在以替代、拓展、优化和创新等方式扩宽了传统英语教学的外延，深化了英语教学的内涵，具体可归纳为以下四种类型：

1.替代型方式

移动技术作为一种工具，替代传统教学方式，如利用手机的笔记软件功能，进行听写练习。移动技术作为工具替代传统的教学方式，教学媒介从有形的纸笔转变为手机的笔记软件以及基于网络的短信发送平台，但是听写练习这一原有教学方式和基本教学功能并没有改变。

2.拓展型方式

移动技术通过拓展传统英语教学方式，拓宽学习的外延，例如：学生在课堂内外用手机笔记软件，进行短文字写作练习，创作短故事接龙，再上传到网上教学平台或移动教学资源平台，大家浏览点评移动技术为写作教学扩展了基于手机的教学新路径，为学生在课堂内外的互动交流中建构真实的语言学习环境，激发学习兴趣。上传作品大家点评，增加学生在体验中再次学习的机会，调动学生的积极性，提高并巩固教学效果。

3.优化型方式

基于移动技术，还可以优化语言教学模式，设计新型教学任务，如短信阅读活动。在课外的阅读教学中，教师根据需要将长文本编辑成多个短文本，或选择简短的英语系列故事，通过短信群发平台，每天定时定量向学生发送，学生在课下进行阅读，或在课堂上发送故事，学生读后根据内容进行口语讨论或续写故事等课堂活动。优化型教学任务还包括使用移动设备进行录音练习。在课堂上将学生分成两人小组，使用手机录音或录像功能进行口语练习。学生用手机录音或录像后对各自的口语作品进行自评和互评，根据同伴的意见重录，再上传到网上平台。教师点评推荐好的作品，大家分享学习。这种真实的互动交际式口语活动通过移动设备，以网络和手机为媒介得以实现。

4.创新型方式

创新型方式是指基于移动技术，设计只在移动环境下才能完成的教学任务，革新传统教学方式，深化英语教学内涵，在移动环境下重新界定学习的概念。

三、移动学习在英语教学中应用的平台

（一）资源平台的搭建

在移动教学中，资源平台搭建是一个重要的环节，通常采用共享和开发两种方式来实现，即搜索共享国内外现有的移动学习应用资源，或开发基于移动设备的个性化学习平台。

1.共享已有国内外教学资源

目前，国内外各种移动学习应用资源十分丰富，有移动学习国际联合会、剑桥出版社手机应用软件、大型开放式网络课程，如 SEE、MIT 开放课件等。国内开发的教学资源有国家精品课程、共享课程、新浪与网易公开课，以及一些英语教育机构，如新东方网校推出的手机课堂栏目等。教师可按教学需要，从众多的资源中选择。

2.基于现有应有软件设计网站，开发移动教学资源

教师可以根据需要，自主开发基于移动设备的教学资源。目前，一些网站为没有计算机编程知识的用户提供指导，使用者按教学要求将课程任务设计成应用程序软件或生成游戏、测试、问卷等相关教学活动。还有一些简便易用的应用软件和资源开发平台，教师可以在平台上按照指示，开发相应的课程项目，供学生下载和课外学习。

3.自主设计开发个性化移动学习平台

参照国外大型开放式网络课程平台上的课程设计和系统功能分区，以及学校目前现有网络学习平台所具有的功能，结合网络教学和课堂教学的经验，以

教学理论为指导，以网络软硬件平台为依托，设计出一个典型的英语教学移动学习平台。该平台架构由平台资源创建模块、学生自主学习模块、教学管理模块、后台系统管理模块四个模块组成，各模块的内容和功能可按实际需求增减，为教师创建各种英语学习资源、设计课堂英语教学活动提供便利，学习者可通过移动学习终端随时随地地获取学习资源。在这种自主设计的平台中，有学生、教师和后台管理人员三种角色，而学生处于平台学习和使用的中心，通过移动学习平台自主学习课程，进行练习测试，并与其他同学协同合作完成学习任务。教师不再是纯粹的知识传授者，而是转变为学生学习的组织者、指导者、促进者和评价者，主要负责教学资源的创建和课程内容设计，以及教学过程中的管理，指导、监督和测评学生学习情况并及时反馈。后台管理员负责平台维护，主要是学生和教师信息管理、注册等维护工作。

（二）资源平台的评价

1. 内容完整性

移动学习所使用的教学资源范围和深度应与教学大纲一致，重点突出。教学资源内容充实，可信度高，具有时效性和前沿性。整个组织结构和分类体系合理，表述正确。资源编排系统合理，符合学生认知规律和教学原则。教学任务设计条理清楚，充分反映教学内容。

2. 过程趣味性

移动学习的操作和使用界面设计应具备良好的交互性，以游戏或情景创设等方式设计参与性活动，增加学生的兴趣。资源的呈现形式生动、丰富、多样，尽量多地包含文本、图形／图像、音频／视频、动画、试卷／题库、网络课程／

案例、文献资料、常见问题解答、资源目录索引等各种素材。教学中使用的媒体资源应制作精细，色彩和谐，声音流畅，画面清晰，重点突出，符合视觉心理，吸引力强，进而有效支持教学任务要求。

3. 效果可衡量性

资源平台设计和使用中应充分考虑移动学习的特性，挖掘移动学习优势，将定性评价和定量分析结合，评价手段和评价方法应科学合理。形成性和终结性评价指标应具有可行性，有助于调动学生的积极性和主动性，提高学习效率。教学活动设计和安排目的性明确，符合教学原则，有助于提高学生分析、解决问题的能力。

4. 技术适用性

各种资源设计应具有安全性高、系统运行稳定、功能完善、导航系统清晰、资源检索与调用快速方便等基本特点。客户端应具有良好的操作性和交互性，趣味性强，便于使用者自学。同时，对于自主开发的资源平台和软件，应根据实际需要充分体现个性化特点，确保用户与平台之间信息交流便捷通畅，并能与其他用户、教师或后分进行实时在线交流。

第三节 微时代大学英语移动教学研究

移动学习是指利用无线移动通信网络技术及设备，使学习者能够在任何时间、任何地点、以任何方式发生的学习。随着它的迅速发展与高科技时代对高等人才培养要求的提高，如何将基于无线移动设备的移动学习与大学英语教学有效地结合起来，创建一种以新技术手段为基础的移动教学模式，已经成为各高校的关注热点，也是众多学者们潜心研究的热门课题。

随着 2006 年世界上第一个微博平台 Twitter（推特）的成立与 2011 年年初腾讯公司微信平台的推出，人们迎来了真正意义上的微时代。目前，微博、微信等微时代产物不仅在政治、资讯等方面发挥了巨大的作用。在教学方面，也逐渐被各高校教师应用，成为一种有效的教学新模式。

一、微时代下的大学英语移动教学

（一）微时代移动教学的概念

移动教学也叫移动学习，是近些年逐渐发展起来的一门新兴学习与教育理论，指的是教师和学生通过使用依托于无线移动网络存在的移动设备而实现的一种交互式教学活动。具体而言，就是将多媒体技术与互联网络应用于各种高端的无线移动设备（例如手机、iPad 等）中，从而构建一个新模式的教学平台，使教师与学生之间能够随时进行学习培训与交流的一种新型远程教学活动。在该教学活动中，教师可随时发布一些学习资料，让学生们随时随地地获得学习资源，从而达到有效学习与自主管理的目的。

微时代的移动教学是指借用微博、微信等微时代产物实现的移动教学方式。自 2009 年下半年以来，随着微博、微信、微电影等平台的兴起，人们已经进入微时代。虽然微时代物的主要用途是传播信息，但是人们利用其来获取知识这一现象也是显而易见的。这表明微时代产物蕴藏着巨大的学习潜能，因而利用其来进行移动教学成为可能，另外，随着网络微博、手机微信的推广，越来越多的人乐于使用其来进行学习，微博、微信等移动学习方式也越来越受到大多数人的认可。

（二）微时代大学英语移动教学的区别性特征

作为一种新的教学模式，大学英语移动教学正逐渐被各高校的学生接受并认可，在教学质量的提高中发挥着不可忽视的作用。那么，相较于其他教学模式而言，微时代的大学英语移动教学的区别性特征有以下三点：

1.学习时间与地点的随意性

微时代的大学英语移动教学的一个最基本特征就在于学习时间与地点的随意性。具体表现为学习者可以在排队、候车等片段化的时间里，在学校食堂、火车站等地打开手机或 iPad 等小型无线通信设备中的微博或微信，进行短时间的英语学习，让其沉醉在英语的世界中。例如，目前有不少学生常利用课余的零散时间记忆微博或微信平台上的英语单词，他们认为这种学习方式不仅形式自由新颖，而且能够让其摆脱课堂上被迫记忆大量单词的恐惧感，有利于其学习效率的提高。

2.选择学习内容的自主性

与传统的教学模式不同，学习者可借由微时代产物自主选择学习内容。在大学英语课堂中，由于受教材内容的限制，每名学生都得在同样的时间内按照教师的教学步骤学习同样的知识，这限制了学生对不同知识的追求欲望。而微时代的移动教学为大学英语学习者提供了丰富的学习资源，使其能够自主地选择自己感兴趣的知识内容进行学习，这极大地激发了学生们的学习兴趣。

3.互动交流的及时性

无线网络的兴起跳出了地理位置的局限，使人们能随时随地地与他人进行交流，将其应用于教学活动中，则可加强教师与学生之间的互动性，使他们在课外能轻易进行及时性的学习交流。同时利用微博、微信等微时代产物开展英语教学的工作也能增强师生之间、同学相互之间的感情交流，让学生们能在轻松自在的环境中自主学习。

二、微时代移动教学在大学英语教学中的应用

（一）构建资源平台的原则

运用微博、微信等微时代产物进行大学生英语移动教学并不是无条件的，需遵守一定的构建原则。第一，资源平台的构建者必须清楚地了解移动教学的区别性特征，设计教学任务时需充分结合体验式学习、讨论式学习、协作学习、自主学习、个性化学习、在线学习、离线学习等多种方式，以便于学习者能够随时随地地完成各项学习任务，取得最佳学习效果。第二，由于学习者是在相对移动的过程中进行学习，外部环境对他们注意力的集中会存在一定的影响，因而教师要尽量结合图像、音频、视频等形式设计一些短小却相对独立的学习内容，并保证每次上传更新的学习资料容量均不过于庞大。

（二）教学活动阶段的开展

对学生进行简单的微信应用技术培训，要求其加入微信群，形成微信群平台，然后教师在此平台上随时发布口语任务、英文视频，与学生们进行师生答疑，相互交流最近见闻与趣味话题，拉近师生间的距离。在活动开展过程

中，也可以邀请其他的任课教师加入此平台，使教师在了解这种新教学模式的同时给出不少好的建议。

具体活动的开展主要包括微信口语任务与学习资源的发布和微信群组互动小组式学习。教师在课堂上布置作业时基本接近课堂尾声，学生抄写时间仓促，容易忘记，如果教师能在微信平台上发布作业，能很好地解决上述问题。

教师可以利用微信发布英文短视频，要求学生随时随地跟读模仿。学生可以将自己的跟读模仿视频发送到微信群组中，由其他同学评价并投票，教师也可挑选出优秀作品在上课时播放。这种学习形式新颖有趣，能极大地调动同学练习口语的积极性。在公众平台上，教师也可发布众多的学习资源，让学生可以通过手机终端登录该平台后，共享里面的学习内容，为学生合理利用零碎的时间提供可能。微信移动教学的另一个特点是进行群组互动小组式学习，教师可以随时在群组里与学生进行学习交流，在督促其进行英语学习的同时也可以为他们解决学习上的疑惑。这种方法有效地加强了师生间的联系，促进了师生间关系的融洽。学生可以在微信平台上建立自己的讨论小组，针对每次教师上课的内容或课后的作业进行互动小组式讨论，避免因时间不统一而没办法聚在一起面对面讨论问题的难题，还有利于记录讨论内容，方便学生自己多次回顾所学知识内容。

（三）教学成果总结阶段

微信移动教学实验取得了一定的教学成果，概括总结主要包括三个方面。首先，学生的学习积极性得到了明显提升。利用微时代产物等工具平台开展教学活动，构建一种新的移动教学模式，让学生们从传统的"教师讲—学生听"的课堂走了出来，大大地提升了他们学习英语的兴趣，并在学生中得到了普遍的认可和高度的赞扬。其次，师生间的关系变得更加融洽。根据学生的反馈意见，他们现在不再只是在课堂上和教师进行交流，在课外他们也能随时随地地与教师聊天，询问学习方法，探讨学习技巧，这种交流方式更让他们轻松自在。最后，学生使用英语交流的机会增多，课外练习英语口语的途径也得到了拓展。大多数学生都能在课余碎片化的时间里利用自己的移动设备（手机或 iPad）登录平台，获取大量的学习资源和进行口语测验。

三、对微时代英语移动教学的建议

在大学英语教师和学生们之中普及大学英语移动教学模式，创建"微平台"学习系统并不容易。要不断完善这类新的教学形式，构建者首先需要精心设计英语学习体系。一个完善的英语移动学习系统应该包括听力、口语、词汇、阅读、语法、测试、答疑和工具等八个部分。教师应根据自己的上课内容设计一些短小精悍却独立成体系的学习内容，让学生们能根据自身需要和水平进行学习。对于学校方面，各大高校应该扩大无线网络的覆盖范围，加快无线校园网的使用速度，让学生们在校园中不受网络的约束，能随时随地打开自己手中移动设备中的"微平台"进入学习系统。

由于移动设备的普及和微时代的到来，微博、微信等微时代产物已经逐渐被运用到教学中，形成了一种新的教学模式。相较于传统的课堂教学，微时代的大学英语移动教学模式在促进英语学习者的学习兴趣、提升学生英语学习的有效性、增强师生联系及促进师生间关系融洽等方面发挥了巨大的积极作用。这对大学英语教学质量的提高大有裨益，对于大学英语教师而言，既是一种机遇，又是一种挑战，需要教师付出更多的精力和时间去组织教学活动。

第四章　大学英语生态化教学方法实践

进入 21 世纪，对于大学英语教学而言，从生态学层面进行研究符合可持续发展的规律。可以说，就生态语言学而言，大学英语教学是一个完整的微观生态系统。因此，本章就对大学英语生态教学的方法与实践展开分析。

第一节　大学英语生态教学简述

21 世纪是生态文明的世纪，生态学的思想被人们所熟知，成为人们生活与工作的新方法。很多教育工作者也将视角转向对生态学理论的研究，并将这些理论成果用于大学英语教学中，这就是所谓的大学英语生态教学。

一、生态课堂

（一）定义

随着环境问题的日益严峻，生态化已成为人类生存和发展的一种趋势。生态学在各个领域都有所渗透，"生态"一词涉猎的范围非常广泛，人们常用其对美好的事物加以描述与界定。

当然，文化背景不同，人们对"生态"的定义也不一样，多元世界的存在要求多元文化的融入，正如"生态"追求物种多样性的理念一样，从而保证生态的平衡性。

"课堂"从广义上说是进行各种教学活动的场所，其在教师、学生、环境之间形成一种多功能综合体，是一个充满意义与生机的整体，是焕发出生命活力的一个复杂系统。

生态课堂是从生态学的视角出发，对生态状态下的课堂加以研究的学科，其强调教师、学生、教学信息与组织、教学环境、教学平等等环节要实现和谐统一，是对师生关系、课程结构等进行的新型建构，是一种各个环节之间彼此联系与和谐共生的教学形态。

（二）主要观点

生态课堂的第一要义是可持续发展，核心在于以人为本，因此教学中教师应将学生作为主体，教师处于主导地位，促进学生的全面发展，基本方法是保持课堂中各个要素之间的平衡。生态课堂的本质就是焕发生命的活力，激发生命的潜能，提升生命的品质，实现生命的价值。

二、大学英语生态教学的本质

教育要以人为本，大学英语生态教学也一样。人的生命发展具有多元性，而学生个体的发展具有多样化的特点，这包含他们身心和谐的发展、个人的求知欲、与他人和谐相处的能力等。

但是，学生个体的发展不能牺牲他人，因为教育面向的是全体学生，所以要兼容并包，对其他学生要予以尊重。因此，大学英语生态教学的本质就在于通过生态课堂，让学生逐渐汲取成长所需的营养，同时通过物质、能量等转换对生态课堂产生影响，为他人的成长创造条件。可见，大学英语生态课堂本身是一个良性循环的过程，是物质、能量与信息的转换，不仅促进学生身心成长，而且可以促进社会的可持续发展。

三、大学英语生态教学的理论基础

对新时代高校英语课堂与生态教育的融合展开研究，必然会涉及一些生态学的基本概念，运用一些生态学的基本理论，如生态学、教育生态学、生态语言学等，同时还会将系统科学理论融入进去进行探讨。

（一）生态学理论

21 世纪，生态学的理念逐渐融入人们的内心，成为人们生活、工作中不可或缺的一部分，这是一种新的理念与方法。因此，很多教育工作者也将研究视角转向生态学，并将其运用于具体的教学实践中。

1. 什么是生态学

生态学（ecology）是研究生物与环境之间相互作用的一门学科，包括生物个体之间、群落之间、生物和非生物之间的相互作用。该词是由美国自然学家亨利·梭罗于 1858 年提出的，但他没有给生态学以明确的定义。德国著名博物学家恩斯特·海克尔在其所著的《生物体普通形态学》中初次把生态学定义为"研究动物与其有机或无机环境之间相互关系的科学，特别是动物与其他生物之间的相生相克关系"；该词由字根 eco 和希腊语 oikos 和 logos 发展形成，oikos 表示住所，logos 代表知识，因此对生物"居住"的研究是生态学的本义。

在这之后，作为现代科学体系中的一个关键学科的生态学，得到了确立并慢慢发展。一般情况下，研究环境系统是生态学的范畴。"环境"是指相对于人类创造的世界而言的自然世界。生态学研究自然界各要素以及各要素之间的互动，包括生存、生命、生产之间的密切关系，体现了整体性、总体性和全面性的特征。

2. 生态学理论对高校英语课堂的启示

课堂属于一个微观层面的生态系统，其内部教育生态规律是客观存在的，因此生态课堂的构建必须在教育生态规律下，对教学活动进行合理的安排，这样才能提升教学质量。

（1）限制因子定律对高校英语课堂的启示

生态课堂中的限制因子是达到耐受限度甚至超过耐受限度的一种环境因子。在课堂生态系统中，其主要涉及以下两种。

①物理性生态因子。某种固定的物理性因素出现不够或者过度的情况时，就会导致课堂教学中出现限制因子，对教学活动产生影响。例如，学习空间不足或者拥挤的时候就会对学生产生一定的心理压力，学习设备达不到学生的需求时，就会导致学生出现精神上的渴求，对学生的学习兴趣产生影响。教学媒体的度也会对学习效率产生影响，教学过程中可以通过听觉、视觉等多个通道，对学生的学习加以促进。如果仅仅采用单调的教学媒体，这样会使得课堂教学过于沉闷单一，如果使用的教学媒体过度，也会对教学资源造成浪费，学生仅仅停留在表面的视觉冲击上。

②人为性生态因子。在课堂生态系统中，除了非生命的物理性因素外，对

教学造成影响的其他因素被称为人为性生态因子，这些因子主要包含如下三个方面。

第一，与课堂教学活动不存在直接相关性的师生活动，如社会调查、课外活动等，教师布置过多的作业，占用学生的课余时间，或者家长对学生的一些课外活动并不支持，导致学生课外活动的展开，成为一种限制因子。

第二，在课堂上，教师、教学管理者、学生等一些个体或者群体活动，如教师与学生的合作学习等。在课堂上，教师不能仅仅关注少数学生，否则那些处于活跃地带之外的学生就会逐渐对学习失去兴趣。

第三，教材设置、课程设定、各种规章等。教学内容应该与学生的真实生活联系起来，对学生的最近发展予以关注。如果与学生的生活世界脱离，他们的学习就会变得抽象，学习内容就成为课堂教学的限制因子。

（2）生态位原理对高校英语课堂的启示

生态位指的是每一个物种在群落中的时间与空间位置以及与机能之间产生的某种或者某些关系。任何物种在生物群落中都会有特定的位置，并且也都有着特定的功能，对整个系统的稳定性与完整性进行维持。在课堂教学中，每一位学生也都有各自的"生态位"。在不同的教学过程中，学生所处的生态位也是不同的，分别扮演着不同的角色，如参与者、优胜者、落后者等。

学生自身知识、能力等以及教师或者他人的评价对这种生态位的形成作用非常大。其中，教师对学生的评价会对学生的自我效能产生影响，进而对学生的学习成绩产生影响。因此，在教学过程中，教师应该对不同生态位的学生进行平等的对待，帮助学生找到适合自己的生态位，从学生的不同特点出发，选择适合自己的教学内容与方法，使不同生态位的学生都能够得到应有的进步与发展。

（3）耐度定律和最适度原则对高校英语课堂的启示

课堂生态系统中的个体、群体等对每一种环境因素都会存在一定的耐受能力与承受能力，达不到这种耐受度或者过度超过这种耐受度的都会对课堂教学产生不利的影响。在实际的课堂教学中，应该从以下几个方面考虑是否实现了最适度。

①教学资源的量。教学资源上要考虑教室、实验室等物质条件是否充足，教师是否使用了合理的教学工具、是否控制好教学媒体等。

②学生作业的量。对待同一个教学内容，不同学生的作业耐受度明显不同。教师在布置作业的时候，应该从学生的耐受范围考虑，同时对那些学习能力强的学生适当地增加作业量，保证他们能够进行充分的学习。

③教学内容的难度。学生的学习能力存在差异，因此教师应该把握好知识的深浅度，从不同学生的特点出发，采用不同的教学要求，对不同层次的问题进行设计，让学生找到适合自己的知识。

④教学节奏。教学节奏应该控制得当，如果学生长期处于紧张的状态，对于他们的身体健康非常不利；如果学生长期处于松弛的状态，对他们潜能的发挥也是非常不利的。

（二）教育生态学

教育是一门时代科学，教育生态化是基于社会生态化发展起来的，未来的教育应该呈现出生态化的趋势，这与时代的发展相符合。教育也将通过生态化的发展，对中国社会生态文明建设起着非常重要的作用。

1. 什么是教育生态化

对于生态化，一些国内的研究者将其定义为"生态学化"，其意义是将生态学原理在人类的全部活动中进行渗透，用人与自然和谐发展的观点对不同的问题加以认识与思考，从社会与自然的具体可能性出发，采用最优化的手段处理人与自然的关系。因此，教育生态化指的就是随着社会各个领域危机的出现，现代教育必须对自己的发展方针等进行调整，让教育走向生态学化，建立起与生态规律相符的教育系统，从而不断培养出具有生态知识、生态技能、生态智慧的新人。

就目前的研究来看，教育生态化的实现又包含两大途径：一是生态教育，二是教育生态。二者的产生都是源自生态危机，最终都是为了建构和谐的生态系统。但是二者所达成的方式不同，生态教育的核心在于教什么，是以生态知识作为内容展开教育，与可持续教育关联紧密，目的是培养学生的生态意识，让学生能够更好地保护环境。教育生态的核心在于用什么来进行教育，即以生态学作为研究视角，目的是研究教育如何作为社会生态系统中的一个子系统来发挥作用，从而更好地发挥教育的育人功能。

2. 教育生态学相关理论

20世纪七八十年代，生态学的原理逐渐扩大，逐渐向人类社会科学的层面上渗透，同时也促进了教育生态学的进步与发展。下面重点介绍一些相关的理论。

（1）花盆效应

在生态学上，花盆效应被称作局部生态效应，是奥地利地质学家爱德华·修斯在他的地质学论著中提出的。我们都知道，花盆是一个半人工半自然的小生长环境，虽然与自然的生存环境不同，但是只要具备适合植物生长的温度与湿度，植物就可以长得很好。但是，这样导致它们对生态因子的适应性、生态位等下降。也就是说，由于生存环境变坏，环境的竞争力也逐渐下降，个体的功能逐渐衰落。因此，花盆里面的植物如果离开了人的照料，就会经不起任何风吹雨打，很容易就会枯萎，这就是所谓的花盆效应。

（2）边缘效应

1942 年，生态学家比切尔提出了边缘效应的概念。他发现在两个或者多个不同的生物群落交界的地方，会出现不同种类生物共同生长的情况，并且群密度也有着很大的变化。有些物种的生长可能更加旺盛。例如，在田间进行试验的时候，虽然有着相同的土壤条件，但是由于每一种植物所占的空间不同，以及受到不同小气候的影响，周边地区与中央部分的植物在颗粒数、植物高度上会出现明显的不同。这种现象就被称作边缘效应。

中国生态学家王如松和马世骏对边缘效应下了定义，即认为在两个或者多个生态系统下，由于某些生态因子与系统属性存在差异，就会造成系统某些行为与组分的变化。

边缘效应源自强烈的竞争，但是以和谐共存的结果收尾。按照性质划分，边缘效应包括静态的和动态的两种。前者是外界没有稳定的能量与物质输入，边缘效应是不稳定的；后者是移动的边缘效应，有能量、物质的输入，边缘效应相对稳定。

（3）整体效应

所谓整体效应，即生态系统各个组分在质量上的变化，以及在相互作用过程中对本系统或者更高级系统所产生的大的效应。其中，生态连锁反应是最典型的整体效应。

例如，欧洲曾出现过严重的鼠疫。这是因为当时人们杀了很多猫。就是因为杀了猫，所以导致很多人死于鼠疫。又如，近些年，由于人们对野生动物的保护，导致很多地方野猪的数量增加，这对当地的农作物等造成了损害。

整体效应还包括另外一种，那就是 $1+1 > 2$ 的现象。具体地说，生态系统具有不同的层级，下一层级的两个或多个系统作为生态因子组成更高一层的生态系统，但新系统的结构功能会大于那些生态因子的简单叠加。

（4）活水效应

所谓活水效应，即随着生态因子不断优化，能量物质不断输入，导致生态系统的平衡状态。一潭水是一个生态系统，其由鱼、虾等物种和水、气候等非生物环境组成。通过观察发现，如果这潭水没有活水的流入，那么可能在很短时间就会被污染，水草、鱼、虾等都会因此死亡。从生态学角度思考，这一生态系统很容易出现失衡。因此，生态学认为，要想维持生态系统的平衡，就需要保证能量的流动。

3.教育生态学理论对高校英语课堂的启示

（1）花盆效应对高校英语课堂的启示。花盆效应给教师带来了如下思考。如何为学生创造适合他们的学习环境？

如何培养学生的环境适应能力？

如何在牵手与放手中实现平衡？

如何将学生培养与社会实践相结合？

（2）边缘效应对高校英语课堂的启示。在高校课堂中，边缘效应有着独特的应用价值。在高校英语改革过程中，全国高校广泛推行个性化教学，因此根据边缘效应，教师应该思考如下问题。

如何在教学中对一些边缘区加以确定？

如何通过能量物质输入，提高边缘区学生的学习竞争力？

如何运用边缘效应对分级教学进行指导？

学生座位的位置是否对学习有影响？

（3）整体效应对高校英语课堂的启示

生态教育具有整体效应，因此需要教师认真进行思考与运用。在高校英语课堂中，教师需要思考如下问题。

如何利用 1+1 > 2 的效应，做好学生的分类指导问题？

如何抓住每一个细节，提升课堂教学的整体效应？

如何提升教师的整体素质与能力？

如何理解教学与科研良性互动对教学的整体作用？

（4）活水效应对高校英语课堂的启示

在教育领域，活水效应给教师很多启发。就高校英语课堂来说，活水效应可以激发教师去思考如下问题。

为什么以及怎样让师生树立终身学习的理念？

如何对教学环境进行优化？

如何对教学方法进行科学合理的变革？

就信息化教学改革而言，如何提高师生的信息素养？

（三）生态语言学

生态环境不仅是人们生存与发展的基础条件，还是语言意义得以进化与发展的基础。语言与生态之间的关系与人与自然的关系是相辅相成的。同时，生态环境的多样化也导致语言形式出现了多样性。

1. 什么是生态语言学

"生态语言学"领域存在两个基本概念：语言的生态/语言生态学和生态语言学。二者经过 20 多年的发展和评判，当前基本融合成一个统一的概念和学科术语：生态语言学。生态语言学是社会科学，是生物生态学与语言学和哲学的交叉学科。这一崭新的语言学分支研究语言在发展生态、解决环境问题方面的课题。

蒙根率先提出了"语言的生态"的概念。他把语言比喻成生物，把语言的社会环境比喻成生物的生成环境。语言与社会环境（包括人）的互动和平衡，就称为"语言生态"。

豪根认为不同环境中习得的语言和习得者的语言态度都是不同的，而语言及其使用受到社会的制约。进入 20 世纪 80 年代后，语言生态学的定义逐渐丰富。但从迄今发表的有关文章和著作中不难看出，豪根的"语言生态学"概念被不少学者认定为"生态语言学"的起源。

"语言生态"是否属于"生态语言学"，曾存在分歧。有学者认为前者是研究语言在生态环境中的互动，常常把对濒危语言的保护比作对生物物种的保护。所以，他的研究核心是语言本身，而不是语言对具体生物或物理生态系统的关系和影响。但有学者认为这种认识太肤浅，因为语言的变异实际上是与生物的变异紧密相关的。之所以存在两者之间的关系，是因为具体范围的生态状况取决于当地的语言变化，或某种主流语言的威胁。究竟"语言生态（学）"是否属于"生态语言学"？经过一番辩论，结果是折中地把语言生态学归于生态语言学的范畴，只要其研究的最终目的是维护生态平衡，而不是仅停留于保护语言本身。

另外，有人认为"生态语言学"的正式产生是 20 世纪 90 年代初，当人们认识到语言研究不仅需要观察其社会环境，而且也需要注重其生态环境的时候。这种观点起源于英国语言学家韩礼德发表的具有指导意义的论文《新的意义方式：应用语言学的新挑战》。该论文提醒语言学研究者须关注生态环境对语言的影响，并且警示学者们在 21 世纪所要面临的挑战是：当语言受到生态系统严重破坏的影响时，语言学研究者该怎样去发现和解决语言的生态问题。韩礼德列举的语言生态威胁的主要问题就是"经济增长当人们大量使用英语词汇，如 large、grow、tail 和 good 等的时候，就意味着，人们在促进经济增长、发展的同时，却忽视了由此给生态带来的负面影响"。

自韩礼德的观点提出以后，生态语言学研究得到了较快发展。韩礼德的研究侧重分析具体的语篇——不是泛指某种语言——对生态的威胁。1999 年，东京国际应用语言学大会上，奥地利生态语言学家阿尔温·菲尔的主旨发言再度提出生态语言学。会上，还有专家组织了专题研讨和工作坊。此后不久，菲尔等建立了颇具影响力的学术信息网络"生态语言学"。这些事件标志着生态语言学进入了更加系统和完善的发展阶段。

2. 生态语言学相关理论

（1）生态互动观

生态思维观不但关注互动观本身，而且关注互动所产生的现象。伽讷强调，就生物生态而言，如果要理解生物怎么样和为什么会与他们的环境因素互动而产生影响，就必须首先研究互动观自身的本质：互动是长期的还是短暂的；一次性的还是延续性的；主动的还是被动的；敌视的还是友好的；平等的还是主从的。这些问题的答案是理解动态整体系统及其内部事物特点的基础。毫无疑问，人与人之间的生存竞争方式与人与野兽之间的生存斗争方式相比显然是不同的。再如，一只野狗，每天为生存而寻觅食物，与别的动物打斗，它的行为、外形、性格一定会与坐享其成的万般受宠的家狗迥然不同。这些差别正是由它们与生存环境的互动本质所决定的。

在话语和它所处的语境之间也存在互动及相互影响的作用。语言的根本作用就是让使用者能与其他人群进行互动、交流。人类对语言起源存在各种各样的猜想，其中之一是自我发泄（如因疼痛而大哭、因愤怒而咆哮）。如果真是这样而且仅仅是这样，即没有人与人之间的交流，语言便不可能成为今天的样子。有的语言学家不认为互动观与话语意义有关，而认为意义是由词汇和语法决定的，语言表达就是使用正确的词汇表达符合语法的句子，使别人能理解，才是具有意义的句子。

然而，生态思维观认为互动（交流）是语言的基本功能。语言之所以发展成现在的形式，其原因就是人们在交流。交流需要语言，而又促成了语言的产生和发展。既然语言离不开人与人之间的交流，语言形式的形成和发展一定与其所进行的交流有关，同时形成使用它的语境。这种语境包括语言和非语言形式。非语言形式指眼神、面部表情、手势、体态等。此外，还有说话人的相互了解、对对方的推测、生理心理状态、社会背景、文化习惯等。所有这一切，构成一个复杂的网络，交互作用、相互影响，呈现突出的互动性。

（2）生态环境观

一提到环境，人们往往只会联想到处所，但生态思维观的环境概念并不只包括处所，它不但包括实体，而且还包括抽象的概念（如文化、习俗、价值观等）。即使指处所时，也注重处所内部各种事物的相互影响。

生态思维观不认为环境只是语言的背景，而是语言的基本组成部分：语言意义远不只是语言符号的串连。语言学家伽讷做了一个比喻，他认为，独立于语境的抽象语言系统，就等于只有魂而没有身体的人，如果真有这种东西存在的话，也没有人能够看得见、摸得着。如果这样来观察语言，正如传统语言学完全脱离语境来研究语言那样，是触及不到真实的语言和它的实质的。语言是实实在在的存在，人们每天使用它；每一个字、每一句话都是在语境下的产物，总伴随着具体的时间、地点、场景、会话对象。所以，研究语言离不开语境。

3. 生态语言学理论对高校英语课堂的启示

（1）教学环境观

众所周知，环境因素对高校英语教学产生重要影响，英语学习是知识、经验与环境互动的结果。这里的环境不仅涉及自然环境、物理环境，还涉及一些非物质因素，如制度、经验等，甚至还包括一些大的层面，如社会环境、人文环境等。因此，英语学习要注重学生与环境之间产生的互动作用，强调学生是在与各种环境的互动中习得语言的。

（2）教学互动发展观

生态教育观指出英语教学中存在很多相互影响的因素，如师生、环境、内容、方法等，这些因素相互影响，通过师生与生生之间的互动，才能构成一个真正的学习共同体，实现师生之间的进步与成长。

（3）教学多元文化观

语言是对人类文明进行传承的文化载体，掌握一种语言，其实就是对语言交际功能的掌握，从而使学生掌握一种新的观察事物的角度，多一种新的文化体验、多一种思考问题的方式。英语教学的一个重要目标在于传承多元文化，因此我们要用开放的心态面对不同国家的文化，用包容的心态对本土语言文化与外来语言文化进行辩证的处理，提升学生的多元文化观。

（四）系统科学理论

系统科学的很多理论容纳了科学的方法论，对于很多学科都非常适用。系统科学正在向所有科学结构层次渗透与拓展，并在生态学研究中有着广泛的应用，促进了生态学理论的发展。

1.系统科学理论分析

系统科学主要是以系统作为应用对象与研究内容的一门科学。也就是说，从系统的角度出发，对客观世界的学科展开研究，这就是系统科学。系统科学对系统的要素、结构、行为等多个层面展开研究，尤其是研究客观世界中存在的系统问题与现象，其研究领域也非常广泛，涉及工程技术、自然科学等多个层面。

古希伯来的宗教神学、中国先贤老子的自然人学、古希腊的自然哲学这三大古文化中都体现了系统思想。作为一门新兴学科，系统科学是 1930 年左右产生的。1937 年，美籍奥地利生物学家贝塔朗菲提出了著名的"开放系统理论"，这为系统科学的产生奠定了基础，因此贝塔朗菲也被视作系统论的创始人。

系统科学与其他的一些重大科学革命类似，标志着人与自然、社会之间新形式的对话。这场对话的主要内容在于用系统思想、原理、方法等对事物进行研究与观察，对传统科学的方法进行革新，建构人类思维的新模式。大致来说，系统科学主要包括以下三个阶段。

（1）系统科学的形成阶段（20 世纪 40 至 60 年代）。

（2）自组织理论的建立阶段（20 世纪 70 至 80 年代）。

（3）复杂系统科学的兴起阶段（20 世纪 80 年代中期至今）。

这三个阶段的代表性理论包含系统论、控制论、信息论、突变论等。现如今，系统科学已经成为 20 世纪以来发展最为迅速的一门科学。系统科学的进步与发展使人们对客观世界的认识不断推进，从平衡态转向非平衡态，从线性转向非线性，从他组织转向自组织等。

2. 系统科学相关理论

20 世纪以来，随着科技的不断进步和生产力的不断发展，人类社会出现了很多新概念，需要用新的理念进行解释与研究，系统科学正是在这一情况下产生的。

（1）系统论

一般来说，系统是由具有相互联系、相互制约的若干组成部分结合在一起并且具有特定功能的有机整体。在许多工具书中，"系统"概念都被赋予若干种定义。

当然，对于系统的分类，也是多种多样的。早期就被认可的分类应该说是自然系统和人造系统。前者就是已经存在的自然物形成的系统，而实际上大多数系统是属于经过人的有意识实践活动的创造而出现或形成的系统。也就是说，自然系统和人造系统相关联或相结合而后形成复合型的系统，如社会系统、科学理论系统、信息系统等。

系统具有目的性、整体性、环境适应性等特征。

目的性。人造系统目的性非常明确。所谓目的，就是系统运行要达到的预期目标，它表现为系统所要实现的各项功能。系统目的或功能决定着系统各要素的组成和结构。

整体性。一个系统至少要由两个或更多可以相互区别的要素或称子系统所组成。系统是这些要素和子系统的集合。作为集合的整体系统功能要大于所有子系统的功能之总和。

环境适应性。系统在环境中运转。环境是一种更高层次的系统。系统与环境相互交流、相互影响，进行物质的、能量的或信息的交换，不能适应环境变化的系统是没有生命力的。

（2）信息论

对信息的直观而又通俗的理解就是"消息"，它总是伴随着一种传递的过程。在信息论中，发出信息的一方称为信源，接收信息的一方称为信宿。信息从信源到信宿的传递必然借助于某种物理手段，称之为信道。信源产生某种物理量的变化，称之为信号，所要传递的信息就包含在这种信号中。通过信道，信宿感受到一种变化的物理量，就可以按照既定的规则破译出其中包含的信息。可以说，信息论是信息传播论，是对信息本质与传播规律进行研究的理论。

传播（communication）源自拉丁文 Communicure（共享、共用），英语 communication 被译为沟通、交流、传递等。当前，传播一般被解释为传播者运用一定的媒体与受传者之间进行信息传递和交流的社会活动。传播有自我传播、人际传播、大众传播和组织传播四种类型，这是按照传播涉及人员的范围及传播对象划分的结果。关于传播的理论与模式，下面主要列举几个具有代表性的。

①香农－韦弗模式。美国伟大的数学家香农曾喜欢研究一些电报通信问题，他在 20 世纪 40 年代提出了一个和通信过程有关的单向直线式数学模型。之后又与著名信息学者韦弗共同对这个模型进行了改进，将反馈系统加入该模型，于是便形成了香农—韦弗模型。该模型在技术应用方面发挥了重要作用。

②施拉姆模式。被称为"传播学鼻祖""传播学之父"的施拉姆在上述传播模型的基础上，于 1954 年对有关"经验范围"的传播模式进行了构建。

该模式指出，在信息传播过程中，传播者和受传者都是不可或缺的主体，受传者除了对信息加以接收并进行解释外，还会做出相应的反应，传播过程本身就具有双向性和互动性。这一模式也指出，传播者与受传者要进行真正意义上的交流，需要在双方共同的经验范围之内传播信息。只有这样，信息才能被双方共享。所以，教学传播过程可用施拉姆传播模式来解释。

根据施拉姆传播模式，教师在教学过程中应对学生的身心特点、知识水平、兴趣爱好、个人经验等情况予以全面考虑，尽可能在双方共同的经验范围内传播教学内容，使学生更好地掌握知识，并促进其经验范围的不断扩大。

③拉斯韦尔模式。美国学者拉斯韦尔指出，传播过程是由"谁""说什么""采取什么途径""对谁""产生什么效果"五个线性要素共同组成的一种线性结构，也就是"5W模型"。从传播学的角度来看，这五个因素分别对应的是信息源、信息本身、受传者、媒体以及期望的产出。

3. 系统科学理论对高校英语课堂的启示

（1）系统论对高校英语课堂的启示

系统论的这些观点对分析课堂生态具有积极意义，有利于从生态系统的角度思考以下几个问题：

课堂生态的系统属性有哪些？

课堂教学的整体目标是什么？

如何优化课堂生态结构？

如何协调课堂生态中各生态因子（即教学要素）的功能，以达到系统总体的最佳目标？

信息化课堂生态的动态特征是什么？

如何实现自然平衡？

（2）信息论对高校英语课堂的启示

利用以上信息传播模式可以对教学过程进行解释与说明，这些模式为教育传播学研究奠定了重要的理论基础。

①指出教学过程的双向性。早期传播理论片面地认为传播过程是单向的，也就是受传者对信息内容被动接受的过程。这种理论对信息接收者作为独立个体所拥有的主动性和自主性没有正确的认识。施拉姆模式指出传播过程是双向的互动过程，传播主体不仅包括传播者，还包括受传者。之所以能够循环不断地进行传播，主要是反馈机制在起作用，这也说明了受传者的主体作用。按照施拉姆传播模式，教学过程中包含教师与学生共同的传播行为，教师传播教学信息，学生接收的同时做出反馈，因此，要从教与学两方面出发来设计与安排教学过程，并将学生的反馈信息充分地利用起来，及时调控教学过程。

②说明教学过程包含的要素。拉斯韦尔提出了"5W"直线性传播模式，用该模式可以解释一般传播过程。有人以此为基础构建了"7W"模式，该模式指出，传播过程包含 7 个要素，将该模式运用到教学中，也能说明完整的教学过程包含七要素（见表5-1）。

表5-1　教学过程的要素

who	谁——教师
says what	说什么——教学内容
in which channel	用什么方式——教学媒体
to whom	对谁说——教学对象
where	在什么情况下——教学环境
with what effect	有何效果——教学效果
why	为什么——教学目的

需要注意，在教学过程研究、教学设计安排及教学问题解决中，这些要素都应纳入考虑范围。

③确定教学过程的基本阶段。传播是一个连续的、不断变化的过程，具有

明显的动态性。为了便于研究，可将其划分为六个阶段，每个传播阶段都对应教学过程的一个环节，具体分析如下：

其一，确定教学信息。将所要传递的教学信息确定下来，这是教学传播的首要环节。教师要从教学目标出发来确定要传递的教学信息。通常，要传递的教学信息出自专家按照教学大纲精心编写的课程教材中。在这一阶段，教师要对课程教材认真钻研，细致分析出各教学单元的内容，并进行适当的分解，确定被分解后的内容所要达到的传递效果。

其二，选择传播媒体。这个阶段主要是进行信息编码，选择适当的媒体手段来呈现与传递信息，这个过程比较复杂，需要在科学原理的指导下循序渐进地完成。教师所选的传播媒体要满足以下要求：能将教学信息内容准确呈现出来；方便获取，且传播效果较好；与学生的知识水平、经验相符，使学生接受和理解起来更快一些。

其三，传递信息。这个阶段的重点是将以下两个问题解决好：确定媒体信号传播的范围；合理安排信息内容的传递问题，利用媒体对教学信息进行有序传递，尽可能减少外界环境对媒体信号的干扰。

其四，接收和解释信息。在教学过程中，学生作为教学主体，不仅要接收教师利用教学媒体传递的教学信息，还要对此进行解释，做出反应。从传播学的角度来看，这个环节主要是进行信息译码。学生先用感官接收信号，然后从自身知识水平与经验出发将接收的信号解释为信息意义，并在大脑中加以储存。

其五，信息反馈与教学评价。学生接收并解释信息后，知识得到增长，智力得到发展，同时需要通过评价来判断预期教学目的是否实现。观察学生的行为变化、课堂提问、课后作业、阶段性测试等都是可采用的评价方式。

其六，调整再传递信息。对比信息传播效果与预期教学目标，发现教学方法的不足，及时调整传播内容、传播媒体，然后再传递，以达到预期教学目标。例如，对于课堂上出现的问题，要在课堂上迅速解决；对于学生课后作业中存在的问题，如果是个别问题则以个别辅导为主，如果是共性问题则需要在课堂上集中解决；对于远程教育中的问题，多提供有价值的资料，或创造条件提供面授辅导。

④揭示教学过程的规律。随着传播学与教育学的不断融合，现代教学与信息传播逐渐拥有了共同的规律，将传播学与教育学理论方法综合运用起来对教学过程与规律进行研究，可有效提高教学效果。

下面具体分析传播理论揭示的教学过程规律。

其一，共识律。共识的含义有以下两个：教师对学生的知识水平和经验予以尊重，在共同经验范围内建立传递关系；教师以教学目标、教学内容的特点为依据对教学方法与媒体进行选择与运用，以便向学生传授知识和技能，使学生将已有经验和即将接受的教学内容信息建立联结，从而取得良好的传播效果。

共识是教师与学生在教学传播活动中顺利交流与沟通的前提与基础。学生的知识水平、已有经验及发展潜能是教师选择、组合及传递教学信息时必须参考的依据与考虑的要素。学生的知识与技能水平在不断变化，教学传播也是动态的变化过程，一般不存在绝对的"共识"状态，而是一个螺旋上升反复变化的过程，即"不共识—共识—不共识"等在共识经验的创设中，教师必须依据学生的"最近发展区"来设定教学目标。

其二，选择律。选择教学内容、教学方法和教学媒体是教学传播过程中的主要工作环节，对这些教学要素的选择要与学生的身心特点、学习规律相符，要为教学目标而服务，争取以最小的代价最大化地实现教学目标。选择教学媒体在教育传播活动中最受关注。师生选择教学媒体一般与需要付出的代价成反比，与可能取得的教学成效成正比。所以，在教学媒体的选择中，要想方设法地选择那些需要付出代价最少的教学媒体，花最小的代价取得最好的功效。

选择教学媒体的规律是，对于功效相同的教学媒体，优先选择需要付出代价少的，对于需要付出相同代价的教学媒体，优先选择能够取得良好功效的教学媒体。

其三，谐振律。谐振指的是传递信息的"信息源频率"接近接收信息的"固有频率"，在信息传递中，二者产生共鸣。要维持教学传播活动并提高传播效果，就必须具备谐振这个条件。师生双方能否达成谐振，与信息传播的速度快慢、容量大小有关，如果速度、容量不合理，就会导致传播过程受阻，传播活动无法继续。

教师传递信息的速率和容量要与学生认知的规律、接受能力相符，此外，还要在教学中营造宽松和谐的信息传递氛围，建立民主的师生关系，并注重对学生反馈信息的收集与对教学传播过程的调控。只有满足这些要求，信息传播的谐振现象才能顺利产生。不仅如此，教师还应有节奏地变换使用各种媒体方法与手段，才能使谐振现象长期维持下去。

其四，匹配律。匹配指的是在教学传播过程中，对教学对象、教学目标、教学内容、教学方法、教学媒体环境等因素进行深入剖析，使各要素按照自己的特性有机和谐对应，从而维持教学传播活动的循环进行。

围绕预期教学目标而有机组合各教学要素，发挥各要素的优势与作用，从而增强教学系统的整体功能，这是实现匹配的主要目的。每个教学要素所具有的特性、功能与意义都是多元化的，要充分发挥各要素的功能，为教学目标的实现创造条件，使既定的目标能够顺利达成。如果在教学传播活动中，各要素游离松散，功能得不到发挥，则预期的目标就很难实现。

教学中采用的传播媒体直接影响教学活动的匹配效果。因此，在教学传播过程中，要对需要用到的各种传播媒体特性、功能有全面的了解，这样才能合理组合这些传播媒体，取长补短，发挥各自的优势与功能作用，最大化地提高教学传播过程的效率与效果。

⑤发挥教学传播过程的功能。教学系统的结构是在系统各要素相互组合和联系的基础上形成的。这种结构可能是功能较弱的静态结构。只有在信息传播中让系统各要素相互联系与作用，并产生连续循环的动态过程，系统的多重功能才能形成。教学传播过程就是在教学系统各要素相互作用的基础上产生的循环动态过程。

教学系统内部信息传递是实现教学系统多重功能的基本条件，而要维持教学传播过程，需要教学系统各要素具备一定的条件或满足一定的要求，并在此基础上实现自己的教学传播功能。

教师层面。作为教学系统中起主导作用的重要组成部分，教师应具备较高标准的水平，如精通专业、熟悉教材、了解学生、教学态度端正、传播技能良好等。此外，教师在教学中必须对教学系统的其他要素及相互关系有深入的了解，如教学对象、内容、方法、媒体、环境等。教师自身功能的实现需要具备以下几个条件：在所教学科领域的知识水平要高于学生；通过不断的学习来提高自己的知识水平；有良好的教学技能，如语言表达技能、教学媒体运用技能等；对教学活动要有良好的调控能力，包括调节自身状态和师生关系等。

学生层面。学生完成学习任务，各方面素质协调发展是教学系统功能实现的首要标志。学生实现其功能要满足几个条件：明确的学习目的、一定的学习能力、良好的自控能力等。

教学内容层面。具体来说，要做到随着社会的发展与时代的进步而不断更新教学内容；在教学内容体系中纳入具有潜在发展意义的前沿知识，注重理论与实践的有机结合；按照学科逻辑、学生认知规律来编排教学内容，如从已知到未知、从整体到部分；教材内容纵横联系、融会贯通，便于学生接受，又能启发学生探索。

教学方法层面。根据教学规律、教学目的任务、教学内容特点、教学环境、学生的适应性及教师的教学能力等选用教学方法；对各种有效的教学方法进行适当的优化组合，达到优势互补、相得益彰的效应。

教学媒体层面。根据教学目标任务、学生特点、学校教学条件合理选用教学媒体；了解各类教学媒体的优缺点，综合使用教学媒体，达到相得益彰的效应；教学媒体功能的发挥受其自身特点及一些实践因素的影响，如媒体操作的复杂程度、媒体资源软硬件添置的可能性、媒体资源配合使用的灵活性等。在教学媒体选用中要综合考虑这些影响因素，将不良影响降到最低。

教学系统中每个要素的功能都直接影响教学系统的运行，只有充分发挥教学系统各个要素的功能，才能保证教学系统的正常运行。此外，教学系统中各要素之间的相互关系与作用情况直接决定了教学传播效果，因此要按照信息传播的规律与法则来传播教学信息，以最大化地提高教学传播效果。

四、大学英语生态课堂的构建

无论对于教师还是学生而言，大学英语生态课堂都是一个全新的教育观念，需要每一位教师付出心血来经营和追求。要想构建一个完整的大学英语生态课程系统，这个过程是十分困难的，包括创设课堂环境、和谐师生关系、加强课堂互动、构建多元评价机制等。下面就来具体分析这几项内容。

（一）创设和谐生态课堂环境

对于师生而言，课堂是他们演绎生命意义的舞台。创设一个和谐的课堂环境，是师生完整生命能够自由成长的基础与前提。生态课堂的创设不仅涉及物理环境的创设，还涉及心理环境与文化环境的创设。

1. 物理环境创设

大学英语生态教学中生态课堂的物理环境，是由自然环境和一些教学设备构成的，自然环境包括照明、光线、噪声等，教学设备包括教室布置、书桌布置等，这些在课堂教学互动中发挥着不同的生态意义与功能。

（1）适当的光线和照明

在课堂中，适当的照明与光线对于教师和学生都有重要作用，尤其是对于学生的健康与心理等。例如，如果光线太弱，那么学生在学习中就会感到视觉疲劳，甚至产生厌倦心理；如果光线太强，那么学生就会受到过度的刺激，导致对健康产生不良影响等。

（2）降低噪声

噪声会对人的生理机能产生影响，这是不容置疑的，而且会让人感觉到非常的不舒服，也会影响学生的心理，如使他们感到焦虑，记忆力下降，甚至思维变得迟钝等。在教室中，噪声大小与教室位置、班级学生密度有关，与位于城市的位置也有关。也就是说，班级人数多，那么噪声就偏大；离城区越近，噪声就越大。

另外，学生对噪声的承受能力会因为个性、性别等产生差异。因此，要想构建一个大学英语生态课堂，首先在位置上要远离城市中心或者比较喧嚣的地方。其次，对于班级的规模也应该予以控制。一般来说，公共英语的班级较大，教师应该根据具体的情况，对不同形式的教学活动进行安排，从而减少噪声。

（3）布置教室

作为课堂活动的场所，教室的教学设备、内部构架等都需要精心的设计与安排。教室内课桌的摆放以及墙壁等的布置是否整洁干净等，都将决定师生是否能感觉到精神上的舒适感与愉悦感。

形状不同的教室，有着不同的优点。一般来说，梯形的教室适合讲座，长方形的教室适合课堂讲授，因为这样的教室便于安排座位；圆形的教室适合小组交流与讨论，这样座位的布置也是圆形的。

另外，教师站立的位置与座位编排会对师生之间的互动产生影响。

因此，教室的布置应该具体问题具体分析，考虑课堂活动的要求和内容，一般需要考虑：是否对师生的课堂互动有利，是否对生生之间的讨论与交流有利，是否对开展小组学习与自主学习有利等。

（4）编排座位

传统课堂中的学生座位一般是采用"秧田式"的编排方式，即横成行、纵成列，学生面对向教师讲台。此外，还有"圆桌式""半圆形""马蹄形"和"客厅式"等座位编排方式。

在课堂环境中，座位编排也是非常重要的，其对学生的态度、情感、行为等都会产生影响。根据研究，一般依赖教师较强的学生往往学习积极性都较高，并习惯于坐在最前排；对教师依赖性差，喜欢开小差的学生往往学习积极性不高，习惯于坐在后排；希望引起教师注意的学生则往往会选择中间的位置；比较胆怯的喜欢挨着墙坐。

由于教学活动的类型与形式多样，学生的个性特征也呈现出鲜明的特色，因此并没有固定的座位编排，甚至每一堂课、每一间教室，学生都会变换位置，这就要求大学英语生态课堂的座位安排应该考虑教学活动的流程，同时兼顾学生的自由与健康，保证每一位学生都有一个舒适的学习环境。

2. 文化环境创设

在大学英语生态课堂中，文化环境包括物质文化环境与精神文化环境两方面。前者指的是符号化与物化的结果，属于一种表层的文化环境；后者指的是态度、情感等，属于一种深层的文化环境。

在大学英语生态课堂中，物质文化包括课本、教室、教学设备等这些硬性文化，或者可以称为显性文化，这些文化会对人的行为产生不知不觉的影响。

因此在创设生态课堂文化时，能够调动各种物质文化的积极性，如班训、班报等，这样可以使课堂更富有气息。

生态课堂中的精神文化环境包括学生个体的思想与个性发展、学生群体的精神风貌与其他学生之间的关系、师生关系等，这种文化是隐性的，属于一种软文化。生态课堂中精神文化环境的创设需要将课堂中各种力量凝聚起来，形成具有特色以及集体观念的生动课堂。

3.心理环境创设

在大学英语传统课堂中，很多学生受学业压力的影响，存在一定的心理问题。因此，为了减轻学生的压力，需要考虑学生的健康情况，为学生创设一个自由、轻松的环境。

首先，家长要转变教育观念，对孩子的期待要有一个限度，不能给孩子施加过多的压力，这样才能让孩子成为一个健全的人，而不仅仅是一名"好学生"。其次，教师要做到以德育人、以理服人、以知教人，做到与学生和谐共处，平等相待。最后，学校应该设立心理辅导课，发现学生的各种心理问题，并给予恰当的解决方法。

（二）确立民主平等师生关系

在开展有效教学的过程中，民主平等的师生关系是基本的前提。生态课堂中的民主指的是师生关系的民主，平等是师生地位的平等。在大学英语生态课堂中，每一位学生都有平等参与课堂活动的机会，且教师应该扮演每一位学生的激励者与合作者的角色。

在大学英语生态课堂中，要保证师生关系的民主与平等，可以考虑从如下两方面着手。

就教师层面来说，应该充分考虑学生的实际需求，对每一位学生的问题都要认真对待，发挥学生的主动性与积极性，尊重每一位学生的人格与个性发展，并多与每一位学生交流，真正了解每一位学生的情况。

就学生层面来说，应该充分尊重教师，并接受教师的指导与帮助，在日常学习中也要积极地配合教师。

总之，师生之间应该建立一种平等对话的关系，彰显课堂的活力，彼此之间没有压力与猜疑，共同探讨与研究，学生可以畅所欲言，从而使课堂呈现一种和谐之美。

（三）构建师生互动课堂交往

对于任何课堂而言，教与学都是其活动的中心，大学英语生态课堂当然不例外，而师生之间的良好互动是课堂活动能够顺利开展的主要原因。

与传统课堂相比，大学英语生态课堂中的教学能够保障师生之间的平等交往，二者之间处于平等的地位。这种平等交往式的教学能够使师生之间展开有效对话与互动，而不是机械地教授与被动地学习。

在平等的师生互动下，必然会产生有效的课堂，即学生处于主体地位，也呈现出课堂的真实性。在这种互动状态下，师与生都是一种教学资源，虽然他们有着不同的内涵，但是他们的地位是平等的，共同处于课堂双向互动的状态中，共同实现知识信息的共享。

第二节　大学英语生态教学的模式

大学英语教学植根于中国社会文化语言生态环境之下，学生需要将英语语言知识作为载体，英语教师充当引导者的身份，帮助学生在对英语语言文化了解与接受的基础上，对语言概念体系加以构建，从而培养学生语言与思维"天人合一"的思维方式，促进他们形成和谐、统一、动态的交往模式。

大学英语生态教学模式下的教学环境不仅涉及课堂教学环境，还包括学校环境、社会语言学习环境等，但是课堂教学环境占据主要位置。

一、大学英语生态教学模式的内涵

大学英语生态教学是集合整体性、系统性、动态性、协调性为一体的一种教学模式，其从多个视角对教师、学生、语言、语言环境的作用进行分析和研究，并探讨了这些层面对语言习得的影响。因此，采用突现理论对语言生成进行整体的认识，采用多维时空的流变性对语言学习过程进行研究，采用符担性对语言学习与环境之间的关系加以探讨，才能对大学英语生态教学与研究有全面的认识，也才能更好地指导大学英语生态教学。下面就从这几个层面入手进行分析。

（一）生态语言生成观——突现论

近些年，"突现"已经成为语言学研究、复杂性科学研究热点话题。美国圣菲研究所对复杂性科学的研究最为著名，通过研究，他们提出：复杂性实际上就是一门与突现有关的科学。2006 年 12 月，国际权威期刊《应用语言学》

出版了一个突现理论专刊，意味着这一理论开始进入语言学研究的范畴。但是，当前对于"突现"的概念还没有一个明确的解释。

语言是一个复杂性、动态的系统突现出特征的集合，语言学习是特征突现的表现。语言这一系统在人与世界的交往互动中生态地形成，并且是一个在不同集合、不同层次、不同时间相互影响、相互作用、相互适应的复杂系统。其中不同的集合包括网络、个体、团体等，不同层次包括人的大脑、身体、神经等，不同时间包括新生、进化、发育等。

那么，语言是如何实现突现的呢？美国著名学者迈克温尼指出，对于语言突现这一问题，现在的描述还不够完善，但是不得不说的是突现论已经对很多语言现象进行了分析和描述。例如，人的发音过程主要依靠喉头、舌头等多个器官的协同作用，同时成人发音会对儿童产生影响等，因此音系结构就是对声道的生理制约而突现出来的。

史密斯通过自己的研究证明，儿童学习新词是经过一段时间的学习之后，采用某种特殊的学习机制学到的。之后，史密斯又进行了许多实验，其研究结果证实了在语言学习的初期阶段，儿童遇到新词时往往是通过瞎猜来理解词义，等到他们具备了一定的语言知识之后，他们往往会理性地猜测，当儿童的猜测能力逐渐突现之后，他们就能使用语言框架对词汇加以准确的猜测。

贝特和古德曼采用与史密斯同样的方式进行研究，他们发现儿童在对句法形式进行学习时，依然是在词汇学习过程中加以突现的，不过这一观点之后引起了人们的质疑。

20 世纪 80 年代，厄尔曼和迈克温尼等学者提出语言学习突现论。这一理论提出，语言表达是人类大脑深入到社会的各个层面而发生突现的。当人类在语言材料中出现时，简单的学习机制就会从感知、肌肉运动再到人类对语言材料的认知系统中展开，这就可以使复杂语言表达得以简化。

（二）生态语言学习过程观——多维时空的流变性

一般来说，空间包括长、宽、高三个维度，时间包括过去、现在和将来三个部分。空间维度，人们是非常熟悉和了解的，但是对于时间维度，还未引起人们的重视，因为人们常常使用自然时间对人文时间、心理时间进行遮蔽。实际上，无论是人文角度，还是心理角度，我们都能够体验到现在、过去和将来，也能够对三者的区别与联系加以确认。

如果离开了过去、现在和将来，那么时间流程和时间观念就没必要提及了。从人文时间中的历史时间来说，可以划分为古代、近代、现代、当代，有些人也将当代称为"后现代"，但是"后现代"并不是时间概念，而是一种价值取向。人文社会科学不仅涉及过去与现在，还会谈论到未来，如人类学、历史学等都是对人类文化、历史等的未来进行预测，而新兴学科"未来学"更是以未来作为时间坐标的。

就心理时间来说，现在往往与目前、当下、此刻等有着密切的关系，过去往往与回顾、回忆等心理活动有关，未来往往与期望、预测等心理活动有关。

普通语言学的研究一直都以时空语言研究作为重点，但是自从索绪尔提出历时语言学与共时语言学之后，语言学对时空的理解都存在一定程度的偏差，因此有学者将时空观念引入语言学研究之中，便于人们从时间与空间视角对语言系统进行整体性理解。在时空观念之中，时间与空间被认为是概念的存在，而这一概念只能从语言系统整体性生态存在中获知与体现。

通过这一观念对语言加以认识，可以帮助人们追溯语言及其语言流变，进而将语言时空结构统摄下的语言特点揭示出来，以语言流变所展现的时空特征对其过程状态加以解析，从而理解与探析语言整体状态。

大学英语生态教学观从时空观的视角出发指出，语言学习在时间上的流变性较为明显，如现时语言学习模式必定是以前学习模式的复制与改造，同时对语言形成的经验与思维加以学习，构建以后语言学习的经验与思维。这样，以后的心智结构投射能力必然与当前的经验与思维相关。

（三）生态语言学习者与环境关系观——符担性

美国著名心理学家吉布森在对环境与特定动物间的对应关系加以描述的时候，用"afford"一词作为例子进行分析。众所周知，"afford"的意思是买得起、花费时间与金钱等，但是该词只能表达能力，而不能传达意愿。吉布森在对自然界中生物的知觉行为加以探索的过程中，发现动物与栖息环境的共存关系，当然这是从生态心理学角度出发考虑的，企图解释动物如何通过知觉判断供给它们生存的食物、环境与水源，并能够根据这种知觉判断采取一定的行动，实现真正的繁衍生息。

但是，对于环境与特定动物之间的特定关系，并没有专有的名词去阐释它，因此吉布森提出了"符担性"这一名词。之后，很多学者对符担性进行了研究和探讨。

故此，凡·里尔在他的一篇文章中指出，现代语言教学应该从对语言输入的强调转向对语言符担性的注重。因为从语言输入的理论考虑，语言仅被视作固定的语码，而学习仅仅被认为记忆的过程，从而将学习者对语言符担性的生态理解予以忽视。

韩礼德从语言习得视角出发指出，符担性的内涵即所谓的潜在意义。他指出，意义并不是在潜在行动中隐藏的，而是行动与行动者在对环境的理解与感知的基础上突现出来的。

可以这样定义符担性：学习行为者从自身理解方式出发，对环境进行感觉，尤其是自然环境，其潜在意义在于使语言教学设计更为合理，使语言教学实施更具有针对性，反馈更加及时，并为对学生的发展进行审视提供参照。

二、大学英语生态教学模式的操作程式

无论是普通的英语教学，还是英语教学生态模式，都需要遵循基本的程式，即确定目标、选择内容、选用方法与设计评价。

（一）确定生态化英语教学目标

1.语言知识目标的选定

一般来说，在语言教学中，语言知识目标的确定主要涉及两个部分，一是选定语言知识目标，二是选定文化知识目标。

通常而言，语言知识目标的确定应该从语言知识和文化知识两个方面入手。

（1）语言知识的目标

作为一种语言，英语也具有三个特征：符号性、稳定性与共有性。

语言具有符号性，指的是语言属于一个符号系统，是由音、形、义三个部分构成的。语言体系不同，其采用的符号体系也存在差异。从总体上说，语言不断发展，但是在发展的过程中也是一个相对稳定的系统，这就是语言的稳定性。所谓语言的共有性，即语言是一个民族的共有物，语言的音、形、义之间的联结是人为的，具有约定俗成性。

在选定语言知识目标时，要求学生首先对那些约定俗成的符号有清楚的了解与把握，明确符号运作体系，了解各种语言规则，从而为语言的实际运用打下坚实的基础。

（2）文化知识的目标

文化知识的目标主要体现在以下几个方面。

帮助学生树立多元文化意识。对世界文化多样性的了解，有助于人们建立多元文化的意识与观念。不同文化产生的背景不同且是不能相互替代的。基于全球化的视角，文化群体之间的交流也日益频繁，因此需要对异质文化予以理解与尊重，努力避免在交际过程中出现冲突。在英语文化教学中，教师应该努力培养学生积极理解不同文化，让他们对自身文化有清晰的了解，同时以正确的心态对待他国文化，应对世界的多元化。

发展学生的批判性思维。在英语文化教学中，教师应该不断培养学生的批判性思维，让学生对本国文化加以反思，然后采用多元文化的有利条件，对文化背后的现象进行假设，确立自己的个人文化观念。

为学生创造学习异质文化的机会。当中西方两种文化进行接触与了解时，不可避免地会发生碰撞，并且很多时候也会感到不适应。因此，在英语文化教学中，教师应该帮助学生避免这一点，让他们有更多的机会了解异域文化，提升自身的文化适应力。

2.学生发展目标的确定

语言是人们进行思维与交流的工具，语言的生成性与社会性区分了语言的符号系统与其他符号系统。语言具有社会性，要求每一位成员都能将语言视作一种任意符号，这就是语言的任意性，并能够用这一符号与其他人展开交际。语言具有生成性，即个体能够运用各种语言规则来产生无限的句子。从某种程度上来说，语言的生成性代表了语言学习的生成过程，即学生语言发展的过程，其涉及生理机制的发展与人的思维发展。语言的社会性，更深层次地将个体人转向社会人的必然性体现出来。

因此，英语教学生态模式的第二个目标是确定学生的发展目标。从本体意义上说，学生的发展目标即学生在学习语言的过程中，对自身的语言智能加以完善，并以语言作为载体促进自身的文化发展，从而促进自身的世界观、人生观的全面发展。

（1）学生语言智能发展

英语语言教学不仅让学生对英语语言、语法、文化有所了解，更重要的是促进学生语言能力的进步，即促进学生语言智能发展。

著名学者加德纳提出了语言智能、数理—逻辑智能这些概念，其中最重要的一种智能是语言智能，其指的是对词义、词序存在的一种敏感性。简单地说，就是一个具备高语言智能的人能够使用语言对自己的意思进行传达，能够顺畅地与他人交流，能够很好地展开阅读与写作，熟练掌握庞大的词汇量，能够合理运用单词的一种手段与方式。

同时，具备高语言智能的人的说服能力也非常强，对于他们来讲，单词不仅用于传达意思，还可以用于绘画。一般来说，诗人就具备较高的语言智能，因为他们能够将语言牢牢抓住，从而用其来表达复杂的情感。多语言翻译家一般具有特殊的语言智能。小说家与记者的语言智能超强，那些从事广告文案、节目主持工作的人也是如此。政治家往往是用语言来影响受众，因此他们的语言智能也必然是非常强大的。

人类从出生起就具有较高的语言智能，人体的语言中枢位于我们大脑中称为布罗卡区的一个特定区域，负责生成与语法规则相符的句子。如果这一区域受到损害，他们可能会理解某些单词或者句子，但是很难用这些单词来组合成句。语言智能的组合元素涉及阅读、创作、听力、写作等部分。无论在哪一个专业，都离不开语言智能。如果一个人的语言智能非常发达，那么他对语言的学习、掌握等就能成为他的优势区域。因此，如果能够以科学的方式对学生的语言智能进行培育，让他们能够发挥自身语言智能的潜力，那么就会出现很多的律师、演说家、作家等。

（2）学生文化观发展

随着英语教学不断进步与发展，英语教学生态模式认为英语教学不应该仅限于新课程标准中提到的"多维目标"，而应该将语言教学推向"多元目标"，即英语教育不仅囊括语言学习目标，还囊括社会文化目标等一些单独的目标。这些单独的目标也是非常重要的，并且这些目标不依附于其他目标，也不是其他目标的边缘地带，包含实质性的标准。

英语教学生态模式下的"多元目标"主要包含五个部分，即对五个层面的重构。

第一，重构目标观。教师应该关注语言教学对于提升学生素质的重要作用，如帮助学生学会学习与生活，学会与他人展开交往，让学生具备批判性思维等。

第二，重构情感观。这就是说在教学中应该设立社会文化目标，添加思维、情感、人际关系、生活态度等层面的内容。

第三，重构交流观。教师应该帮助学生认识到交流不仅限于与英语本族人展开交流，而应该与各国人展开交流。在交流的过程中，学生要学会正确地表达自己、表达自己的文化，并对其他文化与思维方式有所了解与尊重。

第四，重构文化观。在实际的教学中，不应该仅仅将那些英语国家的流行文化视作主要内容，而是应该选择能够将社会进步文化反映出来的那些内容，即这些文化内容不仅有英语国家的文化，还有其他国家的文化。

第五，重构知识观。在英语教学中，教师应该考虑学生的年龄特点与思维特点，对社会文化知识目标加以设计，具体来说就是要求课程设计者、教材编写者应该考虑学生的接受程度，设定分段目标。

（二）选择生态化英语教学内容

1. 语言知识的确定

在英语教学生态教学模式下，英语教学内容的选择需要考虑具体的标准。

（1）整体性与关联性

作为交流英美文化与信息的重要载体，英语语言主要涉及社会科学、人文、自然科学等多方面的问题，因此从某种意义上说，英语课程是一门综合性课程。这就要求在教学中，教师应该将各种学科知识融入进去，展开整体性教学。

对于我国学生来说，英语是一门外语，学习一门外语与学习母语显然不同，学习外语需要基于对异域文化的理解，构建英语语言概念体系，培养学生全面发展和谐、动态的互动交往活动。因此，英语语言知识的确定需要从客观规律出发，教材的编写、教学内容的选择应该基于国情，对国外先进的教学理念进行吸收，考虑学生的认知特点，确定不同的教学内容。

另外，英语语言各个要素之间是相互关联的。在某种程度上，英语语言结构可以对某些功能进行表达，简单来说就是英语的某些功能需要依靠结构来体现。例如，学生学习语音知识可以提升他们的听说能力，学习语言学习策略可以提升他们语言表达的顺畅性，学习文化知识可以提升他们的语言表达能力。长期以来，我国的语言教学重视这一点就会忽视另一点，这就要求在英语生态教学模式下，将知识学习、文化学习、策略学习等方面联合起来。

（2）基础性与交际性

英语语言知识非常丰富，任何人甚至花费多年的时间与精力都很难掌握全部，因此对语言知识选择的首要标准就是基础性，教师应该选择那些学生必备的知识与技能，这样便于学生在以后的学习中逐步提升。

但是，英语是一种交际工具，除了具备基础性外，还需要考虑学生的实际需要。因为英语语言并不是词汇、语法堆积而成的，而是基于一定的语境选择恰当的语言，是一种活的语言，因此英语语言知识内容的确定需要考虑交际性。

（3）时代性与规范性

英语语言知识包含很多文化内容，这些文化内容在不断进步与发展，因此在英语生态教学模式下，语言知识应该选择那些进步的、与时代相符的文化内容，这样才能对未来社会的发展产生重要作用。

语言并不是固定不变的，而是不断进步与发展的，社会的进步也会导致语言的变化。当然，在演变过程中，英语语言有其自身的规律，因此英语生态教学模式下的英语课程内容选择应该反映语言的最新变化，选择那些规范的语言表达，这样才能与时代语言规范的蓝本相符合。

（4）趣味性与思想性

无论是英语语言学习还是汉语语言学习，本身是一种枯燥的活动，尤其是英语语言学习是在汉语语言生态环境下进行的，就很容易让学生产生厌烦的情绪，因此在英语生态教学模式下，教师应该选择那些学生感兴趣的内容，并将本堂课的重点知识融入进去，这样让学生逐渐体会到学习英语语言的快乐，从而有助于提升他们学习的积极性。

除了趣味性，英语语言知识的思想性也非常重要。语言是社会文化的载体，必然会反映人类的社会生活，是组成社会文化意识形态的重要方面。这就要求在教材中，应该将思想教育融入其中，让学生在学习知识的基础上学习他们的风土人情与文化习俗，但是要接受爱国主义与社会主义道德规范的熏陶。

2. 文化知识的挑选

作为一门外语课程，英语最大的功能就是促进自己与他人展开交际，并且是跨文化交际。这就要求在挑选文化知识时，应该把握一条主线，将本土文化与西方文化结合起来。

（三）选用生态化英语教学方法

在英语生态教学模式下，确定了目标、选择了内容，还需要选用生态化的英语教学方法。

1. 加强学生对语言与文化知识的学习

不同民族有其自身独特的语言，这些语言都是民族文化特色的重要组成部分。在英语生态教学模式下，教师要引导学生正确认识语言与文化之间的关系，并正视不同文化之间存在的客观差异，从观念上进行思维转换，帮助学生形成更加完善的认知。只有这样，学生才能消除语言学习中因文化差异而引起的误读，加深对英语学习的理解与掌握。在具体的英语教学过程中，教师要从不同层面出发，如词汇、句法、语用、思维等，对中西方文化进行科学对比，提高学生的跨文化交际意识和能力。

2. 充分利用课堂教学

课堂是学生学习英语语言与文化知识的主要场所，因此教师应高效利用课堂时间展开英语生态教学。具体来说，教师需要重视以下两个方面。

（1）课前预习

在英语课堂正式开始前进行预习是非常重要的。教师可以要求学生在课前通过各种途径查询与教材内容相关的文化背景知识，并在课程讲授前与学生共同分析。

（2）课堂讨论

讨论能够活跃课堂气氛，还能调动学生的积极性，启发学生的思辨能力。因此，教师要多组织课堂讨论活动。例如，教师可以让学生就收集的资料进行课堂分享，由于学生提前进行了查询工作，分享时就会更加自信，尤其是对于语言基础较差或性格较为内向的学生来说，分享可以让他们受到鼓舞，树立学习英语的自信心。此外，由于学生收集资料的途径不尽相同，分享发言的角度也有所不同，学生可以互相学习、取长补短、共同进步。

3.组织言语交际活动

课堂时间毕竟有限，学生难以得到充分的交际训练，因此不能仅仅依靠课堂教学培养学生的跨文化交际意识与能力。对教师来说，应有效利用课外时间，努力创设第二课堂，组织各种课外活动，营造一个自然的英语学习环境。教师可以结合具体教学情况，组织与跨文化交际主题相关的言语交际活动，如学习沙龙、英语角、英语辩论赛、英语演讲比赛、英语话剧表演等活动。一方面这些活动可以激发学生对英语学习的兴趣，另一方面学生通过参与这些活动，可以得到训练，提高跨文化交际能力。此外，教师可以鼓励学生阅读优秀的英语国家文学作品，或欣赏反映中西方文化差异的优秀影视作品，在阅读和欣赏中学习文化知识，提升文化素养。

第三节　大学英语生态教学中的生态失衡现象

如果从生态学的角度对大学英语教学进行分析，不难看出，其中存在不同程度的失衡现象。本节就来分析大学英语生态教学中的生态失衡现象。

一、大学英语生态教学中的结构失衡

（一）系统组分构成比重的失调

在大学英语生态课堂中，课堂生态主体与课堂生态环境起着非常重要的作用。人们往往从结构、关系等层面来分析课堂生态环境，包含课前、课中、课后等情况。

从量变层面而言，课堂生态系统中各个部分的比重会产生变化。当然，这些变化是相对的变化。课堂生态作为一个系统，内部的因子会产生不断地变化与制约，科技的出现会对其因子产生要求。这就是说，如果其他生态因子不能与信息技术因子实现同等变化，那么大学英语生态教学系统组分就会出现比重失调的情况。

（二）系统组分之间交互关系的失谐

除了系统组分构成比重存在失调，系统组分内部之间的交互关系也容易出现失调的情况，具体来说主要表现为以下几个方面。

1. 生态主体之间的失谐

大学英语课堂生态主体之间如同一个网格交织在一起，包含教师、学生之间的个体与群体、群体与个体等的复杂关系。在所有关系中，教师群体与学生群体间的交互是非常重要的部分。

要想保证教师群体与学生群体之间的和谐，就要保证他们的目标、理念是一致的，这样才能保证交流的顺畅，关系也会更为和谐。

但现实情况是，随着科技的引入，师生之间存在着明显的失谐情况，如教师与学生存在目标不一致、理念不一致的情况。

2. 教师与信息技术的失谐

教师的责任在于将知识整理出来并将知识进行转化，然后以信息的形式将知识传授给学生。在这个过程中，一般会运用到信息技术，因此信息技术是教师与学生知识传授的媒介。当然，信息技术会将信息完整地传达给学生，减少传递过程中的损失，帮助教师完成教学任务。从理论上说，这一过程是和谐的。但是，很多不和谐的情况也不少见，具体包含：第一，高校教师的信息化水平有待提高，很多教师还无法对现代化的信息技术进行熟练的运用。第二，教师所秉持的传统教学理念同生态课堂所提倡的教学理论存在矛盾。第三，有的教师过分依赖网络教学，而有的教师却对网络教学持一种反对和不信任的态度。

3. 学生与信息技术的失谐

首先，信息技术的运用与部分学生的信息素养存在冲突。一些学生的信息素养低下，很难适应较高的信息技术水平，因此在学习中就会出现困难，会逐步丧失学习的兴趣和积极性。有时候，学生也会对网络学习的记录进行造假，这样的情况对学生的学习造成了严重的影响，也影响了教师的评价，很容易造成系统的失衡。

其次，学生的学习观念很多都是传统守旧的，这与现代技术很容易发生矛盾。一些人认为，网上有丰富的资料，便于学生学习，但是有些学生是持消极态度的，他们认为中学时代的那种学习方式是更为有效的，很难接受现在这种媒体教学方式，因此很容易出现失衡的情况。

4. 教材与信息技术的失谐

在大学英语生态教学中，信息技术与教材是不同的媒介手段，两者都是教师信息传输的手段与工具，因此，二者在应用过程中可能存在竞争与冲突的情况。为了避免出现这种情况，二者会根据自身的特长而刻意地避开，使彼此之间能够进行互补与发展。

但是现实中并不理想，很多大学英语教学平台的内容其实就是教材的网络版，并没有对教材加以延伸与拓展，甚至设计上还存在明显的缺陷，这就很难实现彼此的契合。

另外一个显著的问题是，教材一直被教师视为媒介，学生学习知识的渠道在教材中得到了限制。基于这样的模式，教材成为教学的中心，教学方式与内容都是"老一套"，这样很难发挥现代化的技术手段的作用，教材与信息技术很难实现真正的相辅相成。

二、大学英语生态教学中的功能失调

（一）结构优化功能的衰减

系统与集合存在着明显的不同。集合仅仅是一些分散的人或者物进行聚集，而系统是一些元素在聚集之后，各个元素产生作用的结果。正是存在着这种相互作用的关系，各个元素才能进行调适，最终各个元素才能实现真正的和谐共处。

通过对系统结构进行观察不难看出，大学英语生态教学在信息化推进的时候，结构优化的功能在逐渐减弱。大学英语生态教学在信息化改革之前还能处于一种相对平衡的状态，但是随着信息技术的推进，这种平衡逐渐被打破。基于各种课堂环境因子，信息技术逐渐占据统治或者主导的地位，其在系统中的作用超出了系统自我修复的能力，这就使得其他要素不得不发生改变，因此课堂生态系统内部各组分的构成比例依然是失谐的，而且系统的自我修复能力已经明显弱化。

（二）关系调谐功能的减弱

通过分析可以看出，大学英语课堂生态系统中的协调功能也有所减弱。我们可以通过以下两个方面来描述这种失谐关系。

第一，传统的教学理念和新近的改革理念存在失谐现象。一些教师、管理者持有的都是非常传统的教学观，不愿意接受新的教学理念，这就导致出现各种矛盾，如师生矛盾、师生与环境矛盾等。例如，一些学校在教学改革初期就出现学生对教师进行评估的结果集体下滑的局面，分析原因发现，学生不认同教师的很多做法，对改革初期的混乱局面难以容忍。

第二，改革的大力推进与现实进展缓慢之间的失谐。信息视角下的教学改革力度非常大，这就对课堂生态主体提出了更高的要求。但是现实是，一些教师和学生基于某种原因，信息灵敏度不够，导致理想与现实之间存在明显的矛盾，如学生缺乏自主性、教师的信息灵敏度不高、教材的编写与理想存在差距等。

但也要指出，上述这些失谐现象不会同时都出现，也不会同时发生在一个学校、一个课堂生态当中。这些失谐的情况有些学校已经发生过了，有的学校正在发生，而有的学校可能明天会遇到。直至今天，这些失谐的问题仍然无法通过系统自我的修复能力来纠偏、来更正。

第四节　大学英语生态教学的优化与重构

在新时代背景下，由于人们并未对大学英语教学生态系统有一个正确的认识，忽视了大学英语生态教学的规律、原则与特点，导致系统内出现了各种矛盾，形成了各种失调现象。为了保证大学英语生态教学系统的这些问题与矛盾能够得到有效的处理和解决，使生态失衡现象重新达到平衡，就需要从生态学理论出发，对生态因子之间的关系进行分析与协调，从而使各个因子能够兼容发展，最终实现整个生态系统的优化与重构。

一、大学英语生态教学的优化

（一）大学英语生态教学的优化原则

大学英语生态教学的优化需要按照一定的原则展开，从而保证优化目标的明确。具体来说，需要坚持以下几项原则。

1.稳定兼容原则

所谓稳定兼容，即对教学结构进行稳定，对教学要素加以兼容。就生态学角度而言，稳定与平衡之间有着密切的关系，兼容与和谐之间有着密切的关系，其中稳定是目标，兼容是实现目标的方法。

大学英语生态教学中必定包含很多要素，如教学要求、教学目标、多媒体等，这些要素在大学英语教学中起着十分重要的作用。一旦某个要素消失，整个教学结构就会呈现不稳定性，因此教学稳定的必要条件就是教学要素之间的兼容。

随着信息技术逐渐融入大学英语生态教学中，必然会对一些教学环境产生干扰，进而影响系统内部各个教学要素的关系。这时候，本身兼容的各个要素之间也会因为新要素的引入呈现不和谐现象，这时候就要求教师、管理人员、学生等进行一定程度的改变，从而促进信息技术与各个要素之间的融合与发展。就教学管理层面而言，要改变传统的管理模式，教学管理层要给予教师充分的知识，优化教学的环境，从而使信息技术与各个要素更好地融合。就教师层面而言，教师要不断地转变自身角色，不能仅作为分析者与讲解者。就学生层面而言，学生也应该发挥自身的主动性与积极性，主动探究知识。

可见，各个要素只有在自己的生态位上发挥应有的作用，才能实现兼容，才能保证教学结构的稳定与平衡。

2.制约促进原则

所谓制约促进原则，即对教学运转形成制约作用，促进个体的进步与发展。就生态学教学而言，教学中各个要素都有着特定的时空位置与功能，它们在自身的生态位上发挥作用。但是，每个要素功能的发挥要遵循一定的原则，不能无限地发挥，而制约就是这样的一种约束手段，为了使大学英语生态教学环境更为优化。

信息技术的介入使学生能够自主学习、个性学习。实际上，在教学中出现很明显的信息技术误用情况，如对信息技术的过度使用、滥用、低值使用等，这些误用对学生的个体发展是极其不利的，导致我国大学生的自主学习能力与应用能力下降。信息技术的使用要考虑具体的教学目标，以学生为中心，运用恰当的方法，不可过度使用，也不能不使用，从而促进学生的发展，保证各个要素都能在各自的生态位上发挥作用，并且彼此之间相互依存。当然，功能的发挥需要设定在一定的范围内，不能随意扩大，也不能丧失它们的作用，要综合看待各个要素的功能，从全局出发进行把握，也不能失去微观意识。

总而言之，制约是为了更好地促进，促进又是合理制约的结果，这样大学英语生态教学才能更自然地进步与发展。

3.可持续发展原则

可持续发展是21世纪教育的根本。1992年，巴西里约热内卢召开的联合国环境与发展大会上提出了《21世纪议程》，其中明确应该面向可持续发展对教育进行重建，从而将这一理念融入教育之中。

大学英语系统是高等教育的一个生态系统，应该坚持可持续发展原则。而社会的可持续发展主要归结于人的可持续发展，因此大学英语生态教学的发展也必然依赖师生的这些教学主体的可持续发展。就学生而言，培养学生的可持续发展能力，在这一观念下，教学的目标不仅在于知识的传授。

现代教育包括四大支柱：教会学生认知、做事、共同生活、生存，学生的能力也是随着这些理念逐渐发展起来的。大学英语教学改革的目的在于提升学生的英语学习可持续发展能力。这种能力指的是大学生在大学阶段及以后的学习和生活中，应该不断完善自我，不断发展。

从学科性质上说，这种能力指的是学生自主学习与自觉学习的能力。教师应该尊重学生的个性特点，发挥学生学习的积极性与主动性，培养他们的探索意识与自身潜能，完成教学实践。

从教师层面上来说，要想实现教育的国际化，教师也需要遵循可持续发展原则，即如果仅仅是一些传统的教学理念，显然不能满足当前教学的要求。因此教师应该考虑国际化的形式，努力拓宽自己的视野，拓宽自己的知识领域，培养自身的学术能力与思辨能力。

但需要指出的是，教师、学生与其他生态因子都是教学生态系统可持续发展的重要组成部分，这些因子之间不能损害各自的利益，任何一个因子的缺失都会影响其他因子的发展，影响稳定性与和谐性。

（二）大学英语生态教学的优化策略

大学英语生态教学系统的优化需要在坚持上述原则的基础上，结合各个生态因子之间的关系，采用恰当的优化策略。当然，这是一个复杂的过程，在这个过程中，需要以教师作为突破，因为教师在大学英语生态教学中的作用非常关键，教师教学的态度、理念等如果发生改变，就会影响具体的教学情况。因此，只有保证教师的生态化发展，才能保证教学的优化。具体来说，需要从如下几个方面做起。

1. 促进教师的生态化发展

教师是国家大计，只有拥有好的教师，才能搞好教育。因此，要努力打造一支技术精湛、道德高尚的教师队伍，这是当前教育改革与发展的重要目标。

就教育生态学而言，教育生态系统主要由教师、学生、环境等构成，在这一系统中，教师是一个完整的生态主体，其对教育生态系统起着非常重要的作用。教师与其他环境之间要多进行能量与物质上的转换，因此其生存、发展必然是周围环境相互作用的结果。同样，大学英语教师在整个生态教学系统中也发挥着巨大的作用，教师的行为、理念等会对学生、教学及其他因子产生巨大影响。当然，要促进教师的生态化发展，需要做到以下两点。

（1）优化教师的生态位

在教育生态系统中，各生物主体之间与环境之间是直接、间接的关系，这种关系可能是竞争关系，也可能是共生关系，他们共同对系统中的资源进行消耗。在系统中，每一个生物主体的位置都是特定的，这就是所谓的生态位。在生态环境中，教师要服从学校中的各种要求与规则，从而保障生态系统的稳定；同时还需要不断地发展自我，不断适应变化的环境。显然，教师几乎与系统中的各个部分都有着密不可分的联系，生态位在这之中起着中介的作用。

在大学英语生态教学中，教师需要明确自己的地位，以学生作为中心与出发点。在信息技术背景下，教师需要有强大的适应能力。可见，教师是信息技术与大学英语生态教学整合的关键层面，对大学英语生态教学的发展起着十分重要的作用，并且随着环境的改变而不断完善与发展。

（2）提高教师的专业素质

一名合格的大学英语教师需要具备以下几种素质。

第一，专业知识扎实，专业技能充足，即词汇、语法知识与听、说、读、写、译能力齐备。

第二，人品修养与个人性格较好，即具有好学、谦虚等品质。

第三，现代语言知识具有系统性，也就是大学英语教师要系统了解语言的本质与规律，并能够用语言知识对教学进行指导。

第四，外语习得理论知识要把握清楚，尤其是要了解外语习得与外语教学的特殊性质。

第五，掌握一定的教学法知识，将教学法的优劣把握清楚，并取长补短。

进入 21 世纪，除了具备上述素质外，教师还需要具备信息技术知识，不断转变自己的观念，提升自己的专业素质，从而向生态化方向发展。从内部来说，教师需要培养自身的反思精神；从外部来说，教师需要创建外在生态学习网络，通过参与与分享，不断提升自己的科研意识与水平，实现英语知识结构的更新，促进个人生态的进步与发展。

2. 建立和谐的师生关系

大学英语生态教学系统是相互联系的整体，在这一整体中，师生之间通过不断地交互，构成一个整体。在大学英语生态教学中，师生无疑是最重要的关系，是一种和谐共生的关系，他们通过交流与对话达成一致，教师以特殊的方式对自己的灵魂进行塑造，学生在教师的心里留下印记。

师生关系的三个要素如下所述。

第一，真实，即真诚，要求师生之间在交往时应该坦诚相待，诚实表达自己的观点与看法，教师不能将自己的意愿强加给学生。

第二，接受，即教师要相信学生能够进行学习，接受学生遇到问题时的犹豫和恐惧，同时要接受学生的冷漠。

第三，移情性理解，即教师要对学生的内心世界、生活环境等有所了解与把握，从学生的角度看待问题，真心地为学生着想。

可见，师生之间的交往活动不能仅依靠教师的话语来实现，还要与学生紧密相连，如果没有学生的发展，教学的价值荡然无存。大学英语生态教学不仅是为了传输知识，还是师生之间情感的互动，要想实现教学目标，这样的互动是分不开的。

大学英语生态教学属于一种人文教学，即培养素质与人格的过程。就语言学习层面来说，学是首要的任务，而不是教，因为学习的过程就是在教师的指导下传递情感与信息的过程。师生之间要建立和谐的关系，需要做到以下几点。

首先，师生之间的地位要平等。这是开展课堂教学的前提条件，也是大学英语生态课堂的基本特征与心理环境，能够保证课堂生态系统的平衡，激发学生学习的动力与积极性。在大学英语生态教学中，师生这两大教学主体是有思想、有感情的人，彼此作为独立的生态因子，应处于平等的地位。

其次，师生之间要不断地增进交往，拉近彼此之间的距离。中国学生谦虚、不张扬的性格使得他们很少与教师进行交流，尤其是当学生进入大学之后，教师上课来下课走的情况更使得彼此之间的交流甚少，师生之间比较淡漠，缺乏互相了解，这让教学活动很难真正地开展。既然学生不能主动找教师，那么教师就需要多和学生接触，努力创造了解每一位学生的机会和时间，使学生对教师产生依赖感与信任感，或者他们可以通过邮件或者 QQ、微信等进行交谈，这样避免了面对面的交谈，也使得学生减少了一些尴尬。

3. 转变教学环境中的限制因子

教育生态学中的限制因子定律具有自身的特殊性。在教育生态学中，所有的生态因子都可能被认为是限制因子，如果某些生态因子的量比临界线低时，就可能出现限制作用，但是如果某些生态因子的量比临界线多时，也可能会产生限制作用。教育生态系统中的有机体不仅对限制因子具有适应性的作用，而且能够采用恰当的方法创造条件对限制因子进行转换，成为非限制因子。这一定律对于大学英语生态教学是非常适用的，即在大学英语生态教学中，每一个生态因子都可以进行转换，限制因子也同样可以转换成非限制因子。

教学生态系统即将复杂人际关系包含在内的系统，是一个集合智力、非智力等因素的系统，也是一个复杂的信息管理系统。要想对大学英语生态教学过程中的失衡现象加以调节，不断提升大学英语生态教学的质量，就需要明确这些限制因子，并将它们找出来加以改善。只有找准这些因子，才能对其进行转化。当然，要想找到这些限制因子，就需要进行观察，认识到这些限制因子的限制界限，以及这些限制因子是如何阻碍教学发展的。

就目前的大学英语生态教学而言，教师需要从当前形势出发，使用信息技术展开教学，当然使用信息技术并不是说过多地使用信息技术，要把握好使用的度。实际上，信息技术就是一种限制因子，因为如果学生不能进行网络自主学习，也同样对其自身发展不利。

当然，只找到限制因子还不够，还需要将这些限制因子转变成非限制因子，这样才能将这一复杂过程进行简化，发挥师生的主观能动作用，加强交流与合作，创造有利条件，消除限制因子的不利方面，推动大学英语生态教学健康、和谐地发展。

4.构建开放和谐多维互动的语言环境

在生态系统中，生物并不是孤立的成分，而是与环境有着紧密的联系。环境对生物产生影响，生物也会对环境产生影响。受生物影响发生变化的环境又可以对环境产生反作用，二者是不断协同进化的过程。因此，在大学英语生态教学中，要对自然、社会中的物质环境、人文环境展开分析和探讨。

课堂是教学的主体，是教师、学生与环境组成的基本系统。大学英语生态课堂的物质环境不仅对师生的身心健康产生影响，还会对学生自主学习能力的发展产生影响。因此，课堂良好的物质环境能够使课堂更有活力。大学英语生态教学的课堂可以被认为是一个小的自然生态系统，其不仅需要广阔的场地，还需要光线、温度等因素，还不能有噪声的影响。只有这些物理环境达到标准，才能实现彼此之间的协调。同样，教室内座位的编排也是非常重要的，因为在课堂这一系统中，都需要时时刻刻的交互活动，这样才能保证课堂的动态性。

构建开放互动的语言环境，还需要为语言学习营造氛围。在大学英语生态课堂上，只有愉快、和谐的氛围才能让学生在学习的过程中得到解放，才能将自己生命的活力展现出来。在具体的教学过程中，教师应该考虑英语学习的特点，通过演讲、小组活动等，为学生创设语言交际的情境。

语言教学并不是将知识机械地传输给学生，而是多种因素综合的结果和行为。用语言展开交际是语言学习的目的，其需要语言来参与其中，因此教师需要从教材出发，做到将教材中的教学情境真实化，这样才能让知识的教授更加生动。当然，在大学英语生态教学中，还需要为学生创设轻松的心理环境，这样有助于师生之间的交往，促进班级的和谐，教师要为学生营造一个有助于互动的氛围，从而打造有助于多维互动的心理环境。

二、大学英语生态教学的重构

（一）大学英语生态教学重构的前提

对大学英语生态课堂进行重构，应该基于信息化语境，对现代信息技术的生态位进行重新审视。

具体来说，就理论层面而言，大学英语生态课程的重构包括以下三个方面。

一是在外语教学中完全放弃现代信息技术，使课堂生态重新回到平衡状态。

二是运用系统的组织与反馈能力，逐渐实现系统的自然平衡。

三是通过积极主动的调节，帮助系统重构信息技术环境下大学英语生态课堂的平衡。

显然，从这三方面可以看出，第三种是最可行的方式。

第一种是一种倒退的做法。当前社会就是一个信息化社会，而且信息化在当今社会有着重要性与不可逆转性，也是社会对教育现代化的要求。因此，要用发展、动态的眼光来看待信息技术，从而推进教学信息化。

第二种对自然生态是一个不错的选择，但是从教育生态上来说，其需要耗费较大的时间成本。如果完全依靠自我调节而保持平衡与稳定，就会经历一个长期的过程，有的甚至是很难实现的，因为生态系统的自我调节能力是有一定限度的，这就是所谓的生态阈值。如果外来的冲击超越了这一生态阈值，那么就会导致自动调节能力的下降甚至消失，也很难再恢复生态平衡。因此，对于大学英语生态课堂这一人工生态系统而言，正确的方式就是采用合理的调节和干预，尤其是要以现代信息技术作为前提，运用信息技术的牵引力，在远离系统平衡态的区域中建立一个结构，从而实现系统的阶段化演化。

第三种是在信息化语境下，对大学英语生态课堂进行重构，要发挥信息技术的作用。随着信息技术的发展，以及其在教学上的运用，信息技术的角色也在发生改变。具体来说，在信息技术背景下，教与学的方式应该发生改变，应该从教师中心转向学生中心。

总而言之，在大学英语生态教学课堂上，信息技术已经在教师、学生、环境等生态主体与环境因子中渗透与融合，对各个生态因子之间的交互起着十分重要的作用。在对大学英语生态课堂进行重构时，要对现代信息技术的生态位进行准确的理解和把握，减少生态因子之间出现重叠的情况，避免发生排斥与竞争。

（二）大学英语生态教学重构的路径

重构路径指重构大学英语课堂生态平衡的思路和方法。下面重点探讨生态课堂重构的路径。

1.发挥信息技术作为主导因子的引领作用

在大学英语生态教学改革中，应该对信息技术在课堂教学中的生态位有一个准确的定位，进而发挥信息技术的引领作用，对课堂中其他因子进行调整，从而修复改革初期信息技术对大学英语生态课堂造成的失衡状态。

（1）在政策层面敢于推进大学英语教学信息化进程

要想发挥信息技术的引领作用，需要在政策上进行调整与宣传。教育部高等教育司对教育信息化的趋势进行了明确的认识，并分析了大学英语教学改革的情况，制定了相关的政策与举措，打破了已经丧失的教学死平衡，这给大学英语生态教学带来了契机。

（2）实现信息化教学的常态化和深层化

要充分发挥信息技术的引领作用，必须实现信息化教学的常态化和深层化。要想保证大学英语生态教学的可持续发展，需要推进信息化教学的深层化与常态化。前者指的是信息技术要与大学英语生态教学有机整合，后者指的是信息技术的运用要具有广泛性。这样才能促进信息化教学从粗放型转向内涵式，从而提高大学英语生态教学的效率与效果。

2. 恢复信息化课堂的生态功能

在信息化背景下，信息技术进入大学英语生态教学中，并逐渐发展成为一个重要的环境因子，这给系统结构实际上造成了一定程度的扰动，系统内部各个要素之间也会随着这一扰动而不断地发生改变，因此需要对课堂生态系统进行调节与优化，从而逐渐恢复已经弱化的系统功能。

大学英语生态课堂受信息技术的影响，逐渐成为一个与平衡远离的系统，如果学校能够加大外语教学信息化软硬件的建设力度，信息技术就会拉动系统内部其他组分，从而进入平衡状态。

当然，这就需要建立一个课堂生态恢复机制，从而更好地对其内部的因子加以调控。调控过程一般遵循"认知—调控—获取反馈—再调控"的范式，先了解影响因子的特点和作用方式，再针对影响因子采取相关举措，观察和获取系统对于调控的反馈信息，采取适当的调控措施。

总而言之，信息技术与课堂教学的有机整合，有利于解决系统内部的失调问题，包括教师教学理念、教学角色与英语教学实践的失调，学生学习习惯、信息素养与英语学习目标的失调，多媒体、立体式教材使用方法与英语教学效果的失调，新的英语教学模式与传统英语教学系统的失调，传统评估方式与英语教学目标的失调等。

3. 创新信息化背景下的英语教学观念

以互联网为主的现代信息技术极大地促进了英语教学的变革，让很多先进的教育理念得到实施。可是每个高校推进改革的力度是不同的，教育科学支柱的运用程度不同、师资情况不同、学生对教学的愿望不同，有很多高校在改革英语教学信息化时，依然存在着"五重五轻"现象，让现代信息技术与落后教学观念之间发展失去协调。只有在短时间内转变英语教学观念，才能改变这种不平衡状况。信息化语境下英语教学存在的"五重五轻"的现象具体表现在：

（1）重"教"，轻"学"

中国在很多学科里，长期存在着重"教"轻"学"的现象，也就是说重视教师"教"的作用，轻视学生"学"的因素。几十年来，英语研究得到进一步发展，很多英语教师注意到学生是学习中的主体因素，教师也起着主导作用。可是在实际的教学中，一些教师的行动和观念很不一致，仍然有相当多的英语课堂教学还是传统的"以教师为中心"知识灌输型教学，几乎都是教师在课堂上不停地讲解，学生认真听课和不停地做笔记，教师只重视自己在课堂怎样讲，而不重视学生在课堂"怎么学"，不能充分调动学生的学习自主性和学习积极性。这种"授人以鱼"的"填鸭式"教学方法，不能发挥学生的自主学习潜能，也不能满足自主探究的需求，

（2）重"知识"，轻"能力"

现阶段还有不少英语教师的教学观念没有及时更新，认为英语教学还是和中学阶段一样，只管把英语语法知识传授给学生，把单词的用法传授给学生就完成任务了。教师上课的时候，反复讲解某些词或词语的用法，分析某种语法现象和句型，认真讲解文章的主要内容，把这当作外语教学的全部内容。事实上，这种教学只以传授英语语言知识为目的，却忽略了提高学生的语言综合应用能

力和增强自主学习的能力，阻碍了学生的可持续发展。

（3）重"控制"，轻"开放"

有人把中国的教育和西方的教育进行比较分析，最终得出结论，影响中国学生创新能力发展的重要原因之一，就是中国教育一直重视纪律性，也就是重视教师严格控制和管理所有学生，重视培养认真听话但缺乏批判思维和创新思维的学生。这种说法有一定道理，我国经过长期的严格控制，很多学生失去积极参与开放式学习的机遇，降低了学生的学习潜能，阻碍了学生个性发展和开放式思维习惯的形成。

（4）重"统一"轻"个性"

统一步调的"满堂灌式"教学，它的优点是能关注学生的共性问题，缺点是难以达到"分类指导、因材施教"的个性化教学要求。在课堂里讲解一些共性的知识，更具有时效性，可如今建立在信息科技基础上的英语课堂，要求教师凭借网络和多媒体的方式，加强学生个性化、多元化、差异化发展。如果不重视学生个性化发展，就很难培养出创新型的高素质人才。

（5）重"接受"，轻"探究"

很多学生沿用着传统的英语学习方法，甚至这已经成为他们的习惯。他们的学习观点就是学习者对确定性外部知识的理解和掌握，所以说大部分学生被动地服从"权威"，已经成了他们学习的习惯，经常消极地接受和理解以前的知识、经验和方法，这些知识也是教师用定论的方式传授给他们的。在整个学习阶段，他们主动参与的意识和探究精神不能充分发挥，也意识不到探究能力的重要性。这就是对英语教学中存在"五重五轻"现象的具体解析，在当前的信息化教学改革中，已演变成严重影响英语课堂生态平衡的不和谐因子，阻碍了信息化语境下英语课堂生态的重构。只要转变教学观念，带动教学方式和学习方式的彻底革命，就会从根本上改变这一落后局面。

（6）变"以教师为中心"为"以学生为中心"

建构主义心理学认为，知识是个体在与环境交互作用的过程中逐渐建构的结果。因此，知识不应该由教师教会，而应该由学习者自己进行建构。就以英语学习为例，英语不是教师教会的，而是学生自己掌握的。美国人本主义心理学家罗杰斯的"以学生为中心"的教学理论认为，学习活动的主要因素是学生，学生都有内在的潜力，他们也能够自动挖掘自己的潜能，学什么，怎么学，用什么进度学习等事情都应该由学生自己决定，教师只充当帮助者和参与者的角色。

（7）变"知识传授"为"能力培养"

学习是一种过程，并不是一种结果，要重视"学会什么"和"学会如何学习"，所以说"授之以渔"比"授之以鱼"重要得多。能力培养要注重学生的自主学习能力、自主创新能力、元认知策略和学习策略的培养，教会学生会学习，让"教是为了不教"的教学理念真正实现。教师不能只注重讲授多少个语言点或多少个语法结构，而要帮助学生在学习的过程中获得知识可持续学习能力和创新能力。

（8）变"控制性学习"为"开放性学习"

开放课堂学习模式实质上就是让学生自己掌握学习过程，控制自己的学习行为。开放性学习实质上就是课堂权利向学生的开放，由此带动学习思想观念的开放，学习时间和空间、学习方式、学习体会和感受、学习决策过程和学习环境等的开放。开放性学习方式的优点是能发展学生个性和提高学生的学习自主性，增强学生的学习兴趣，充分发挥学生多方面的潜力，促进学生与教师、同学、资源等之间的信息交流。

（9）变"统一性学习"为"个性化学习"

英语教学要适应个性化发展的实际情况。个性化学习强调学生个性化学习方法的形成和自主学习能力的发展。个性化教学应通过个性化培养体系、个性化课程设置和个性化教学手段等，提高学生学习的积极性，促进学生建立良好的学习态度，增强学生的学习能力，发展学生潜在的个性特长。开放课堂学习方法，能够促进学生独立性的全面发展。在开放学习的网络课堂上，学生们不再需要按照教师的统一要求去按部就班地学习，而是能够按照个人的意愿制订自己的学习计划，选择适合自己发展的学习内容，确定适合自身发展的学习步骤等。

（10）变"接受性学习"为"探究性学习"

接受式学习方法和被动学习、机械学习有一定的差别，是学习现有知识的一种学习方法，缺少挖掘探索创新精神，对创新能力的培养是没有益处的。研究性学习重视探索学习和发现学习。探究是人类的天性，通过探究，个体建立自己对于自然及人工环境的认识，对自身的认识。探究包括模拟驱动的探究性学习、兴趣驱动的探究性学习和问题驱动的探究性学习。和接受性学习相比较，探究性学习具有开放性、实践性等特性，可以提高学生的学习水平和培养创新能力。

实现以上观念的转变，必将带动教师教学方法的变革，提高教学成效。但有一点需要说清楚，上述"五变"指教学观念的改变和教学重心的调整，但这并不是将"以教师为中心"和"以学生为中心"、"知识传授"和"能力培养"、"控制性学习"和"开放性学习"、"统一性学习"和"个性化学习"、"接受性学习"和"探究性学习"完全对立起来，我们不能完全否定前者，而是应以后者为主，前者作为适当补充。

4.构建信息化背景下和谐的师生关系

（1）传统教学中师生的"有限互动"

在互联网信息技术出现之前，教师与学生交流与沟通的场所主要是教室、操场、学校活动中心。

在教室上课的过程中，教师与学生之间首先要完成本次课堂的教学任务，然后才能进行课程外学习内容的交流。因此，师生在学校各教学场所的交流是十分有限的，主要是教师讲，学生听，很多教师在完成教学工作后忙于其他事情（如进行科研），也没有时间与学生交流。课堂之外，学校教师在学校除了日常教学还有很多其他工作，学生的校园生活也十分丰富，由于师生的教与学的任务不同，在不同的时间段，他们需要分别在不同的空间场所内开展教与学的工作，这就更加使得师生课堂关系难以在课外继续保持良好的关系和联系。课上的交流有限，在课外，教师与学生之间的交流更是少之又少，调查发现，很多学生在课外时间难以接触到教师，即便是有交流机会，也是"不怎么愉快"的"被动交流"。师生课外接触原因不过如下几种：学生犯错、犯规，教师训话；学生因考试、评优等问题寻求教师帮助；校园偶遇，礼貌问好等。

上述情况充分表明了学校师生存在着交流障碍，这些障碍有主观和客观原因，有教学安排的局限性，也受制于教育技术，教师与学生在课外缺乏沟通与交流的平台。

（2）网络教学中学生的"线上沉默"

网络信息技术的发展和教学应用为师生之间更加频繁的交流提供了技术支持，教师与学生可以通过 QQ、微信、校园网、教学 APP 等实现随时随地的线上交流。但是，由于线上网络课程教学中，师生不是面对面的，学生在教学中对教学内容的投入状态、对教师的回应在很大程度上靠自觉，因此，教师很难像在真实课堂教学中那样监督学生，也不能给每一位学生创造一种紧张、专注、融洽的课堂环境氛围，结果，很多学生在线上课程的学习中都处于沉默、"潜水"的状态。

网络课程教学中，学生的"线上沉默"有一部分原因是由课堂时空环境和氛围造成的，也受教学内容难易程度、教学内容呈现方式、教师的线上互动方式方法等影响。一般来说，学生的"线上沉默"主要有以下几种类型。

压制性沉默。压制性沉默的产生与传统课堂教学中教师的"教学权威"有重要的关系，在传统课堂教学中，教师是教学活动的"主宰者"，学生处于被动服从的状态，这种教学关系在很多学生的头脑中根深蒂固，难以改变。在信息化时代，传统课堂教学环境下的学生对网络教师、网络教材、网络课程等产生的认知冲突，在教师面前感到有压力，强行压制自己的真实行为与观点，由此产生教学中与教师互动过程中的沉默现象。

障碍性沉默。线上教学或内容难度大，或知识更新滞后，或操作技术复杂，超越了学生本身的生活经验、理解能力与操作范围，学生不知如何表达，也会产生教学中的沉默。

忌惮性沉默。网络教学中，教师为了推广线上教育资源，制定很多与学生有利害关系的教学奖惩机制与措施，强制学生在教学过程中与教师"互动"，学生处于"被迫"状态。由此教学过程中产生了与教师的教学预想相反的教学状态，学生的这种"线上沉默"是对教师"强制"的反抗，也是对教师所制定教学机制与措施的抵触。

（3）信息化教学中师生和谐关系的构建

对于学生来说，在教学中不应"畏惧"教师，也不应该"藐视"教师，应心存敬爱，课堂上认真学习、积极配合教师，同时也要大胆质疑，要敢于表达自己的感受、观点。

第一，无论教学模式怎么改变，教学都必须遵循客观教学规律，这一点在传统教学中如此，在新时期的信息化教学中也是如此。

信息化教学中，教师的教学内容选择，教学方法与手段选用，都应该符合学生的客观认知规律、年龄与性格特点，对教学过程的安排应尊重教学的一般规律与特征，不能为了单纯地求新、为了使用新型网络教学而开展网络教学，否则就会适得其反，本末倒置，引起学生对教学的不适应，也不利于教学的发展。

信息网络是平等交流的平台，每一个参与者都不受年龄、性别、社会地位、经济收入的影响，彼此都是平等的，信息网络技术上的教学是打破权威，拒绝单一、集中和封闭，更加强调多元、分散和开放的教学。师生关系是平等的、民主的、和谐的，对此，在教学活动设计与安排中，教师应以平等的心理预设启发式、互动式的教学活动，使学生在与教师互相尊重、协作、信任的环境中学习、成长。

第二，重视师生多元互动。在网络教学中，教师与学生之间的互动打破了时空界限，学生之间的互动也打破了时空界限，甚至学生之间的互动（常被教师忽视）要比师生互动更加频繁、和谐、愉快。因此，教师应鼓励学生进行线上、线下的交流，鼓励学生发现、讨论、探索，提高学生的合作、探索、创新能力。教师给予学生更加开放和自由的交往空间，能改善学生的教学思维与提高学习能力，也有助于促进师生关系的良好转变。

第五章 大学英语云课堂教学方法实践

第一节 云课堂的起源与发展

一、云课堂的概念

随着云计算技术的发展，许多教育研究者相应地提出了云课堂的概念，但是直到目前为止，没有一个普遍为大家所接受的关于云课堂的准确定义。孙建文等中国研究者认为，云课堂应该属于网络学习空间的一种特殊形式，是云计算技术在教育领域的一个应用范例。有了教育云技术和教育大数据的支持，就可以利用云理念打造出一种新型的在线开放课堂，这种课堂具有如下特点：首先，它可以最大效率地利用相关的 IT 资源来支持海量用户同时参与在线教学活动；其次，它还可以利用云存储技术快速访问和存储相关的学习资源；此外，它还可以利用云计算对学生的相关学习数据进行快速有效的对比性分析；最后，它还可以支持多端接入等。而以杰森·麦克劳德为代表的国外研究者则认为，云课堂构成了一个无所不在的虚拟空间，它以计算机为媒介交流和分享相关的学习经验。此外，中国学者程寿绵认为，云课堂是一种以互联网为基础，采用云计算技术和信息化教学手段的创新型课堂。更具体地说，是基于移动互联技术的一种移动教学课堂。这种技术不仅较大程度地满足师生之间课堂互动的需求，以及即时反馈的需求，还有效地打破了传统教育在时间和空间等诸多方面的各种限制，为学生提供了远超出传统课堂的丰富教学资源，使得学生在学习这件事上具有更多的自主性和灵活性。

对上述各种观点作一个简要的归纳和总结，我们不难发现，一般而言，云课堂有如下特点：（1）云课堂必定以云计算等信息化技术为基础，缺少了这方面的技术支撑，就不足以称之为云课堂。（2）由于有了上述技术的支撑，云课堂就可以满足学生随时随地上"云端"进行自主学习的要求。（3）云课堂是一种功能强大的创新型课堂。根据上述特点，笔者尝试为云课堂给出一个新的定义：云课堂是在教育云和教育大数据背景下产生的，利用云理念和云计算技术打造的一种融入信息化教学手段的在线、高效、便捷的教学课堂形式。

与一般的在线学习环境相比，云课堂学习环境以云计算为基础，这使得它在分享语音、视频、数据文件时效率更高。此外，与一般的在线学习相比，云课堂学习可以同时支持在线教学和混合式教学两种教学模式，这使得云课堂更具灵活性。

二、云课堂的相关研究及其发展

（一）云课堂教学模式的研究

云课堂与传统教学相比，具有两大明显优势：一是它基本不受时间和空间方面的限制；二是它所提供的教学资源更加丰富且品质更佳。基于云课堂开展的教学使传统的教学方式、教学模式发生变革，众多研究者探究了基于云课堂平台的在线教学模式和混合式教学模式。下面笔者将择取其中一些比较有代表性的研究展示给读者。

颜天明认为，以云课堂为基础的混合式教学模式是否能最大程度地发挥其特色，取决于三个方面：云课堂资源是否足够丰富、教师的引导是否及时和准确、学生的参与情况如何。这就使得教师首先需要准确详细地确定教学的目标，其次还应该设计出便于实施的教学环节，最后教师要能够找准自身的角色定位。

国外学者团队探讨了一种基于拼图的云平台协作学习方法。他们研究了来自 17 个不同国家 42 名硕士研究生的相关学习过程。结果显示，拼图法对小组成员的学习有较大的影响，云课堂平台和幻灯片的使用则对小组整体的学习有较大的影响，而不同文化之间的差异则对学生之间的协作学习有较大的影响。此外，增加拼图方法和云平台的使用频率，可以显著提升学习的效果。

王美则设计出了一种包含云课堂在内的混合式教学模式：课前在云课堂上进行自主学习—课中在面对面的课堂上开展学生的研讨式学习—课后回到云课堂上进行巩固式学习。该模式可以有效弥补一般的在线教学模式和传统教学模式的缺陷。

高薇等人则以翻转课堂和云课堂为基础，设计出了一种新的教学模式，并且这种模式在具体的教学实践中，也能够充分发展学生的自主学习能力。

（二）云课堂设计与应用研究

至于云课堂的设计与应用，国内外的相关研究主要集中在云课堂平台的设计研发、云课堂在教育教学中的应用等方面。汪应、陈光海等人自主研发出了一种高职云课堂平台，该平台以云计算技术为基础，广泛吸纳了校本资源、视频资源、仿真软件等众多相关的教学资源，既有助于教师优化其教学策略，同时又有效提高了其教学的实际效果。此外，通过运用此云课堂平台，教师整体的信息化教学能力也有了显著的提升。孙建文、张昭理等人则设计出了一种云课堂软件平台，并在学校实际情况的基础上，开发了各种各样的云课堂版本，同时，还广泛面向全校师生进行了相关实践教学，也取得了丰富的教学成果。

由于不同的云课堂建设在不同教育云平台的基础上，所以，云课堂也受到教育云平台本身不同特点的影响。国内外与云课堂平台相关的研究已颇具规模和成效。这些研究主要集中在以下几个方面：如何设计和实现一个具体的云课堂平台；云课堂教学模式的探索以及云课堂平台在教育教学中的应用；如何利用云课堂平台提升学生的学习效果等。既然许多研究都显示，在云课堂上学习对于培养学生的自主学习能力大有裨益，那么，具体指出哪些因素会影响学生的自主学习能力就很有必要。

第二节　基于云课堂的大学英语教学创新举措

一、基于移动云平台的混合式教学模式

（一）蓝墨云班课

蓝墨云班课（Moso Teach）是一款基于移动互联环境，即时反馈教学互动的客户端APP，即在移动网络环境下建立的教学云平台。其完善的移动学习功能，具有灵活性、自主性、便捷性的特点，充分满足了高职学生个性发展的大部分需求，也迎合了学生越来越喜欢用移动设备进行英语学习和交流的趋势。它既可以帮助教师实现课堂翻转、组织教学活动，也可以统计分析教师教学行为数据和学生学习行为数据，实现实时把握学生的学习效果，开展针对性教学。

（二）混合式教学

混合式学习（Blended Learning）是与混合式教学最为相近的表述，余胜泉、张其亮等众多研究者将混合式学习和混合式教学的概念直接等同。混合式教学是传统教学与数字化（信息化）教学的深度融合，其具有如下几个特点：教学贯穿学习过程始终，不受传统课堂的空间与时间限制；教学形式灵活，突出学生自主学习能力与个性的发展；学习资源与学生间、师生—生生间互动度高，效果良好；教学实时管理，及时诊断教学效果；智能化管理学习过程，改变教学评价方式。

高校教师需要因势利导，把握移动云教学技术，合理利用传统教学课堂与移动教学平台的优势，有效避免学生在课堂上玩手机、注意力涣散等问题，实现"线上"丰富教学活动与"线下"传统实体课堂有机结合的混合式教学，提升高职学生公共英语学习的深度与效果。

二、基于移动云平台的混合式教学设计

（一）建设"互联网＋"的移动教学云平台

基于混合式教学理念，建设"课堂—网络—移动云"的交互式教学云平台。利用教学云平台，对高校英语教学资源进行重组利用，将"微课"资源融入数字化学习体系中，创新混合式学习和自主学习条件。借助移动云平台，实现学习帮助、学习评价、资源搜索、资源推送、学习交互（在线提问、讨论、评价）等功能，不断动态更新、扩充、修改和完善，与课堂教学相辅相成，真正体现易学、乐学的教学理念。

（二）基于移动云平台的 O2O 模式多维交互

基于移动云平台的混合式教学模式采用 O2O（Offline to Online）混合式教学—学习模式。它既能体现学生的主体作用，又能发挥教师的主导作用，较好地促进网上学习（以理论知识为主）与网下学习（以实操和社交为主）、自主学习、协作学习、探究（发现）学习以及教学前、教学中和教学后的有机融合，从根本上改变传统课堂教学的流程，充分调动学生的积极性、主动性和创造力，有效地解决了高校学生英语学习水平、学习能力参差不齐的问题。课题组根据专业英语需求度和英语程度将学生分成 A、B、C、D 四个层次的交流协作小组，各小组完成不同学习任务，进行组内、组间和教师、教学云平台的双向交互合作学习，学生通过自主学习即时自我评价学习成效。同时，教师通过云课堂讨论组监督、反馈学生自主探究学习效果，实现多维度动态交互，使整个教学环节形成一个良性循环模式。

（三）移动云平台学习任务设计

以日常生活和职业通用英语情境为中心组织设计"线上—课下"移动云平台学习内容与任务。每个学习情境或核心应用话题根据相应的知识点与技能点，设计 2~4 个学习任务，生发出链条式任务驱动型学习任务，锻炼相应的英语基础技能。授课教师根据学生的行业需求、学情特点和教学环境对学习任务进行选择、调节，以个体或小组为单位进行在线课程的预习、讨论，并以小组为单位模拟、反复训练完成具体的课下学习任务，做到学习、应用、考试一体化，背景知识内在化，任务个性化、信息化，实现因材施教。

（四）发展性评价体系设计

基于移动云平台的高职公共英语课程计划采用多元评价方式，将"形成性评价"与"终结性评价"相结合，实现过程式评价。根据学生传统课堂的出勤情况、课堂表现和移动云课堂的学习任务作业完成情况、在线测试和在线竞赛情况综合判定"形成性评价"，由在线测试、在线（视、听、说）竞赛成绩和期末考试成绩等综合形成"终结性评价"。移动云平台的学习任务、作业交互评价、在线测试为学生提供了实时自我监测的学习分析数据，提高了学习有效度，即动态化的蓝墨云课堂评价或者学生的学习经验值体现了学生个体的过去与现在的比较，完成过程性纵向评价。

三、基于移动云平台的混合式教学实施

（一）云课堂预习

在传统课堂教学前，教师选取教学内容的预习微课内容、动画或情景视频案例上传云课堂，进行线上教学活动的课前预习，学生借助移动终端（Phone或 iPad）观看学习，学生分组进行讨论后，进行知识点预习、案例分析，每组提出自己的学习方案，教师对每组的表现进行点评，并引导学生设计一个更为合理的学习方案。

（二）课堂教学

课堂教学时，教师根据实际情况，采用讲授法和演示法进行英语知识点与技能点的讲解，例如飞机票类型的英语表达方法，飞机航班号、时刻表的英语表达方式及电话礼仪等，同时采用分组角色扮演的方法引导学生积极思考、乐于实践，提高教学效果。

（三）云课堂复习

"课下—线上"微课观看是课后复习的主要学习手段之一，这极大地激发了学生的学习兴趣，提高了课堂教学质量。同时课下教师通过移动教学云平台发布下达在线交流讨论，复习巩固任务，检查学生的实践效果与词汇、知识点、技能点的获得结果，结合在线答疑，根据学生上传作业的"师生—生生"互评数据找到学习的弱点，完成巩固学习环节，并引导学生自主探究式学习。学生通过合作讨论，探究复习内容及任务完成的基本协作及突发情况，激发求知欲望，逐步形成感知心智活动的良性循环，从而培养出独立探索的自学能力。

（四）线上—线下测试

传统的线下测试与移动云课堂发布的在线测试、在线竞赛等有效结合，有助于客观评价学生真实的学习情况，动态把握学生的学习效果。教师对学生的传统课堂测试数据与移动云平台线上测试、竞赛数据进行比较分析，为检验高职公共英语教学的有效度，获取完善的教学反馈信息，提供了更全面的教学改革依据。

云课堂正在成为一个以信息技术为支持的多领域、多学科交叉研究课题，也是国内外教育技术领域的核心研究问题，是混合式教学升级发展的趋势。基于移动云平台的高校英语混合式教学可跨越不同情境、地点，形成一个较为自由的个性化学习空间，它的机动性与便捷性实现了师生的实时互动，学生可以随时随地地自主学习，改善了当前低效的高校英语教学现状。

第三节　云课堂的大学英语教学实践

云课堂是以"互联网＋"的思维方式和大数据、云计算等新一代信息技术打造的智能、高效的课堂。智慧课堂能够创设有利于合作学习和知识建构的学习环境，对动态的学习数据进行分析，运用云计算、移动互联网、智能终端等，使教学过程能够有即时的评价反馈、立体的交流互动、智能的资源推送，最终得到数据化的教学成果。

国家发展和改革委员会等十九部门联合发布的《关于发展数字经济稳定并扩大就业的指导意见》提出了关于创新人才培养培训方式的意见：加强数字教育资源建设，实现从课程设计、课程开发、教学过程到教学评估全流程网络化，积极采用移动技术、互联网、人机互动等数字化教学培训手段，推广线上线下混合式教学等新型教学培训模式。经研究，运用智慧终端，不仅可以全力推进混合式教学模式的构建与应用，还改革并创新了大学英语课程教学模式，提高了大学英语课程的教学质量。

一、基于云课堂智慧课堂混合式教学模式的创建与实践

基于智能时代背景，大学英语教学只有不断地调整教学模式，才能在教学对象发生变化的情况下适应教学的需求。梧州职业学院借助"智慧职教云课堂"平台，积极探索智慧课堂混合式教学模式的创建。

（一）设定教学目标

大学英语教学遵循"应用为主、够用为度"的原则，旨在帮助学生养成良好的语言学习习惯，把握基本的语言学习方法，培养学生掌握必要的语音、词汇、语法等知识，具备必要的英语听、说、读、看、写、译技能，打下牢固的语言基础；同时，根据"三全育人"（全员育人、全程育人、全方位育人）的要求，将课程思政有机融合到教学过程中，帮助学生增强自主学习能力和综合文化素

养，使他们加深对中华文化的理解，增强文化自信，树立跨文化意识，获得多元文化知识。

在学生入学时，学校第一时间开展新生学情分析调查工作，主要分析学生的英语基础、学习兴趣以及今后的职业发展需求等。学情分析有助于设定恰当的教学目标，实施适当的教学计划，为今后英语教学活动的顺利进行打下基础。

（二）设计智慧课堂混合式教学模式

通过查阅分析智慧课堂混合式教学模式的相关文献，结合实际教学情况，学校初步设计了以手机、希沃教学一体机为智能终端，基于"智慧职教云课堂"平台的高职大学英语智慧课堂混合式教学模式。

（三）运用手机 APP 平台混合式教学

智慧课堂混合式教学模式利用手机 APP 平台，运用了任务驱动、小组合作、分角色扮演等多种方法，增加教学过程中教师与学生之间的沟通和交流，打破"教师讲、学生记"的传统教学模式，从而提高学生学习英语的积极性，真正实现"教以学为中心"。

第一，使用任务驱动法。任务驱动，主要是在课前、课中、课后利用平台给学生预设任务。在课前，教师通过学生较为感兴趣的内容，让学生提前了解新课主题；在课中，教师同样可以以任务驱动学生思考并解决问题；在课后，给学生创设一个情境，让学生就情境中出现的问题进行探讨，学生运用所学知识讲述自己的看法，提高运用英语知识的能力和逻辑思辨能力。

第二，采用翻转课堂。在课前，教师通过布置任务和活动，安排学生提前进行知识学习。在课堂上，完成知识的内化，教师起到引导学生学习的作用，主要通过互动解决学生在学习中遇到的重难点问题。学生通过教师的激励学会主动学习，而不是仅仅听教师讲课，被动地接受知识的输入。在实际教学中，教师提前让学生根据文章内容，以小组合作形式完成剧本改编、分角色扮演并拍摄视频，上传至手机 APP 平台。这样可以充分调动每一个学生的积极性，发挥他们的特长，在学习过程中学习文章大意，还能使学生树立正确的金钱观；学生还运用所学知识对文章进行改编，既有输入也有输出；与此同时，学生的合作能力也得到了提升，角色扮演的方式让学生参与其中，锻炼了他们的英语口语表达能力。

（四）教学实施过程

课前阶段，教师根据每个单元不同的主题提前利用平台给学生推送相关学习资料，学生通过手机 APP 平台查看学习。教师在平台设置"问卷调查""头脑风暴"等活动，学生使用手机 APP 进行自主学习并完成任务，APP 后台就能对学生参与活动的轨迹进行记录，并且统计分析出数据，方便教师把握学生的前期学习情况。上课前，教师可在课前的"讨论"区发布相关提问，学生在下方回复顶帖，参与到问题的讨论中。这些方式都有助于教师了解学生的学情，更能有效制定每堂课的教学目标，设计教学环节和重难点，针对不同班级的前期学习情况在课堂上组织不同的课堂活动，充分体现教学"以学生为中心，教师为主导"的理念。

课中阶段，由于课前已经让学生在线上自学并完成任务，教师可以根据学情设计线下课堂教学导入环节，根据不同的教学模块使用不同的教学方法，根据不同专业、不同班级的学生学情差异制订不同的重难点。根据学生的学情，开展小组式、任务驱动式的教学活动，能让学生把课前自学到的知识通过课中

"输出"的方式得到巩固。APP上的"小组PK"功能，还能激发学生的学习积极性，增强学生的合作意识和竞争意识，促进深度、有效学习。学生课前线上自学遇到的重难点问题，可在课堂上通过线下交流互动进行解决，也可以通过平台的"讨论"区功能在线讨论。课中还要注重即时性的检测，即利用手机APP上的"作业"和"测验"功能，即时了解学生对知识点的把握情况。由于在实际教学中，会存在一些学生"浑水摸鱼"的情况，这时教师可以使用平台的"提问"功能，通过随机抽取或抢答的形式让学生回答问题，使学生的注意力能够集中在课堂上。

课后阶段，针对不同专业的学生，根据学生在课堂上的表现，通过后台数据分析，教师推送个性化学习资料和制订个性化作业。比如，针对学前教育的学生，推送英语儿歌、儿童英语短剧等视频；针对电商专业的学生，推送商务沟通方面的短视频和经典句式。对于英语基础水平不一的学生，尽量分层布置课后作业：对于基础相对较好的学生，作业更多地体现对所学知识的活学活用；而对于基础一般的学生，作业会更偏向于了解他们对当次课堂知识点的把握程度。

（五）教学评价

在线上线下混合式教学模式下，学习过程由课堂教学和网络教学（或学生自主在线学习）两部分构成，传统的考核机制已不能全面反映学生对所学知识的把握程度。因此，应注重对学生的过程性评价，将线上预习、复习、观看微课等学习任务的完成情况以及线上交流互动情况纳入考核范围，并通过网络学习平台的后台数据实时监督学生的学习情况，加强对学生学习过程的管理。同时，增加学生的阶段性考核，即每单元学习结束后和期中、期末阶段，教师将测试题或要求学生完成的任务上传在线学习平台进行阶段性测试，最后进行总结性评价。除此之外，增加平时成绩考核的权重，使学生重视平时的知识学习和积累。

二、基于云课堂的智慧课堂混合式教学模式效果反馈

智慧课堂混合式教学模式的过程始终坚持"教师为主导，学生为主体"的教学理念，利用线上线下两种途径，充分调动学生学习英语的主观能动性，同时考虑到了不同专业的特色和学生的个性及特点。通过智慧课堂，教师在教学内容的选取与考核方式上都进行了改革，提高了学生英语综合技能和学生英语素养，增强了学生自主学习能力，并且在教学全过程都渗透了思政元素，最终较高效地实现了教学目标，主要教学效果如下：

效果一：给学生创设了自主、合作的课堂氛围，让学生的英语学习变被动为主动，学生主动参与教学过程，获得主动发展。一是通过线上布置预习新课为主的课外作业和任务，使预习过程成为学生主动学习的过程，既有更充足的前期学习时间，也培养了学生的自学能力，促进了学生思维的发展；二是让学生担任课堂的主角，教师提出问题让学生积极思考，自由发表见解，并引进竞争机制，互相辩论，学生在主动思考探索与合作交流的学习过程中真正理解和把握英语知识。通过教学使用的 APP 后台，可以清楚地看到学生的课堂参与时间增加了，主动性得以充分发挥，英语的听说读写能力也得到极大提高。

效果二：通过学生感兴趣的话题导入，创设了有趣味性的教学情境，使学生的英语学习变"苦"学为"乐"学。一是精心设计导入环节，使单一乏味的内容变得更贴近生活，更有趣味，激发学生的求知欲；二是分层定目标，充分

发挥各层次学生的潜能，使每个学生都能享受成功体验，体现了以学生为主体、因材施教、个性化学习的教学要求；三是注重将思政元素融入课程，大学英语教学不仅要体现英语的工具性特征，更应发挥它独有的人文优势，让学生更了解中西文化，拥有开阔、包容、自信的胸怀，成长为高素质的人才。

第六章　交互性大学英语教学方法的实践

第一节　有效学习中的无认知理论

一、元认知

认知是对事物或事件的认识过程和 / 或结果，而元认知的"元"（meta-）根据《朗文当代英语大辞典》是"above、higher than、beyond"之意，因此元认知指的是比普通认知更为高级的认知，即对认知的认知。这一概念最早由美国心理学家弗拉维尔于 20 世纪 70 年代提出，是指"任何以认知过程和结果为对象的知识，以及任何调节认知过程的认知活动"。该概念的提出引起了认知心理学家和教育心理学家的浓厚兴趣，而且大量的研究已表明，元认知对于理解有效学习是大有裨益的。

元认知能力由四个部分组成：元认知知识、元认知体验、元认知监控、动机和意志。

元认知知识包括关于个体的知识、关于认知任务的知识、关于认知策略的知识以及以上三种知识交互作用的知识等。具体到学习方面，有关个体的知识指有关个人（自己与他人）作为学习者的知识，包括对个体内差异的认识、个体间差异的认识和影响认知活动的各种主体因素的认识。学生关于个人的信念会影响他们对任务采用什么样的方法。例如，一个学生如果认为自己英语口语不好，在交际中他就懒得开口或羞于开口；如果他数学很差，而同桌数学恰巧很好，他就会很放心地找同桌帮忙补习数学；等等。有关任务的知识是学生对任务特性和相应的信息加工要求的理解，如写求职信要包括的信息和需注意的事项等。有关策略的知识是关于完成某一学习任务应采用什么样的策略及其有效性的知识，比如要扩大英语词汇量，是采取背词典的方式有效，还是采取在语境中学习词汇的方式有效。

元认知体验是人们在从事认知活动时所经历的认知和情感体验，它可能处于意识水平之上，也可能是下意识的；产生时间不定，可发生在认知活动之前、之中和之后。

元认知监控是认知主体在认知活动的整个过程中，将自己正在进行的认知活动作为意识对象，不断地对其进行自觉、积极的反馈和调节，以达到预期的目标。它包括制订计划、实际控制、检查结果和采取补救措施等。

元认知的上述三要素既互相区别又互相联系。元认知知识是产生元认知体验和进行自我监控活动的基础；元认知体验既可导致元认知知识的修正，又可促进元认知活动对认知策略的监控和调整；而元认知监控可以激发新的元认知体验进而丰富已有的元认知知识。

动机即驱动力，对完成策略性任务相当重要。动机性信念影响学生对任务的策略取向，而学生在学习中累积的经验又塑造动机性信念。在自我调节中，有两种动机性信念受到特别注意：自我效能感和归因性信念。学生的自我效能感类似于他们的自信指数，与他们的目标选择、努力程度和学习持久性有密切关系。自我效能感强有助于学生制定有挑战性的目标，在目标的实施中多付出努力，在遇到困难时能够坚持，成功地达成目标会提升自我效能感，并反过来促进目标的更好完成；与自我效能感一样，对学习结果的归因也影响策略的应用，对成功的归因会强化对被归因策略的应用，相反，对失败的归因则会弱化对被归因策略的应用。与其他元认知知识一样，学生是根据完成任务的成功经验形成动机性信念的。然而，成功的作业不仅仅需要动机、元认知知识和元认知监控。具有元认知知识和技能是一回事，面对疲劳、紧张、分心刺激有能力运用它进行自我调节是另一回事。意志是在动机减弱时开始发挥作用。动机意味着承担义务，而意志意味着坚持到底。

认知活动指与直接完成任务有关的感知、记忆和思维过程，而元认知活动是指向任务又非直接卷入的、对任务的总体计划、完成任务的自我指导、对各阶段认知任务是否顺利完成的评价和反馈、计划和策略调整等。若想通过提高元认知能力来提高对认知任务的加工水平，就要注意动机的激发、意志的强化、元认知知识的学习、元认知体验的深化、元认知监控与调节技能的训练等。

二、元认知对有效学习的作用

行为主义学习理论将学习看作是"刺激－反应"的关系，认为学习是由经验导致的行为变化，而有效的学习就是不断进行行为干预的过程。这种观点有一定道理，但由于过分强调刺激的作用，忽视人的主观能动性而受到批评。在反对行为主义学习理论基础上发展起来的认知主义学习理论则强调学习的认知过程，认为学习是个体心理结构的变化。这种心理结构包括知识、信念、目标、期待等。认知主义学习理论的一个重要分支是信息加工学习理论。

学习信息加工可分为认知过程和元认知过程，为了便于论述，又可细分为以下三个部分：

1. 信息储存

包括感觉记忆、工作记忆和长时记忆。感觉记忆储存来自环境的大量刺激信息。工作记忆储存来自感觉记忆中经过注意和知觉加工的部分信息以及从长时记忆中检索并激活的信息。长时记忆储存的是经过复述和编码的工作记忆中的信息。由此可见，记忆在整个学习过程中都十分重要，它贯穿知识吸收和建构的全过程，对学习效果起着举足轻重的作用。因此，锻炼并提高学生的记忆力成为教学过程的重大任务之一。

2. 认知加工

这是将感觉记忆中的信息转换到工作记忆中，将工作记忆中的信息转换到长时记忆中，以及将长时记忆中的信息经检索送回工作记忆中的智力活动。认知加工包括注意、知觉、复述、编码以及检索等认知过程。工作记忆中的信息只有经过复述和编码才能进入长时记忆。长时记忆中的信息经过检索才能被激活送入工作记忆中进行进一步加工。这里有一点值得注意，大量的外界信息只有引起足够的注意才有机会被知觉而进入工作记忆，才有机会被编码进入长时记忆。也就是说，一个信息要进入学习者的知识库必须能在与众多刺激的竞争中获得足够多的注意。从教师的角度来说，吸引学生的注意是教学过程的第一步。另外，进入工作记忆的知识如果不能被编码进入长时记忆就会衰退、消失，因此在教学过程中，教师应注意引导学生对所学知识进行建构，增加其进入长时记忆的机会。再者，储存在长时记忆中的知识相当于我们的百科知识库，随时可能被激活，因此在知识加工过程中要适时提醒学生激活已有知识和经验来帮助实现对新知识的建构，同时在日常教学过程中有意识地帮助学生对这个知识库进行扩容。

3. 元认知控制

这是对认知加工过程的认知控制，起着对信息从感觉记忆到工作记忆，最后到长时记忆过程中各种认知加工进行组织与指挥的作用。其中需要、动机、意志是推动学习的内部原因，是学习的动力因素，为元认知调节提供动力。同时，元认知控制还很注重个性心理特征对学习过程的影响。所谓个性心理特征是指个体的学习能力和个性化的学习方式等。

根据该模型，元认知在有效学习中扮演着十分重要的角色，贯穿整个学习过程，将各种认知活动整合为一个有序的组织。大量研究证明，有效的学习是一种自我调节学习，因而培养和促进学生成为能自我调节的学习者便成了现代教育的一个重要目标。自我调节学习指学生是积极、主动、自治的学习者，他们发动、指向和维持自己的认知活动及学习行为，确保达成与学业成就有关的目标。他们能自我激励、看重学习价值、意志坚定、刻苦努力、随时监控分心刺激和消极思想，以达成目标。由此可见，自我调节学习的实质是学习的元认知监控。

研究结果表明，随着学生年级的增长，学习的自我监控对学习效果的影响日益增大，离开学校后的学习更是几乎完全依靠自我监控。研究还表明，学习困难学生在学习中缺乏自我调节学习。他们的学习态度消极而被动，原因在于学业失败的经验削弱了他们的学习动机，反复出现的学业失败降低了他们的自我效能感。学习中学生虽然也有一些策略，但往往是低效、无效甚至是错误的；即使是正确的，也不知如何恰当应用。他们尤其缺乏应对复杂学习的策略，特别是对学习的监控策略。与此相反，成功的学习者学习兴趣浓厚，内在动机强烈，成功的学习使他们通过合理的归因而具有较强的自我效能感，而自我效能感的增强为有计划的学习提供学习动力。这样，成功的学习不断塑造自我调节的学习者，而自我调节的学习者又不断促进学业的进步。教师的责任不但在于促进学生的学习本身，更在于培养学生的元认知能力，使其成为自主的学习者，培养其可持续的学习能力。

第二节　外语交互教学方法实施的原则

语言是一个系统，是人们相互之间交往的工具。学习英语，既要学习英语知识，又要学习英语的听、说、读、写译等技能。英语技能相互联系、相互影响、相互作用，英语知识渗透到英语技能的交互学习和运用之中。根据英语知识与英语技能的统一体关系以及英语知识与技能、技能与技能之间的交互性，以交互为目标的英语教学就要遵守以下六项原则。

一、实现听说领先，听、说、读、写技能融合

作为有声语言的外语，学好它，必须经过交际或对话。对话能力也是口语能力，重视口语教学，必然重视听和说。人们总说"口语第一，听说领先"，是因为人们认识到：人类学语言是先学会说话，然后才学习如何阅读和写作；世界上许多语言仅有口语而无文字；口语是语言的主要表现形式。在这些认识

的驱导下,结构主义语言学家提出"语言便是口语,文字只不过记录口语的符号"的观点。这种观点摒弃了第二次世界大战前在美国外语教学界占主要地位的、以培养对外语书面语的理解和阅读速度为重点的"阅读法"教学模式,并促进外语教学史上"听说法"教学模式的产生。"听说法"提出"听说领先"的教学原则,是结构主义语言学关于"口语是第一性"的体现。"口语第一,听说领先",就是能用口语进行熟练交际。以交际为目的的外语交互教学,听说既是教学目的,又是教学手段。口语教学侧重听说,并重训练听、说、读、写技能,交互培养语言应用能力,可以通过认知教学法和交际教学法相结合,把新的语言形式和它的意义有机地联系起来,做到耳听会意,在有意义的交际情景中并在会意的基础上进行说、读、写。

语言交际,就是要交流思想、磋商意义,交流思想必然使用听、说、读、写各项技能,尤其是听说技能。在外语的各项技能中,听和说紧密联系,读和写常联系在一起。从知识的输入和输出的角度来看,听和读相联系用于输入知识,称为输入技能;说和写相联系用于表达思想,称为表达技能。表达技能对学习者的知识输入起着促进理解的作用,对言语交际,起着推动的作用。从整体上来看,听、说、读、写技能是一个相互联系、相互影响、相互作用的统一体,说在技能中起着核心的作用,说和听又有着紧密的联系。外语教学必须将各项技能作为整体来组织学习,不能将它们作为单项技能来分离,应该实行由听说切入、听、说、读、写技能均衡发展的教学模式。比如,我们可以为学生创设一个国际机场填写表格的情景,这个情景可以设在本国的国际机场,也可以设在目标语国家的国际机场,学生在机场安检登机之前需要填写海关报税单。在本国机场的情景中,海关人员用母语要求学生填写表格,假如学生看不懂报关单上用外语书写的填写要求，他们就会主动向海关工作人员询问，最后完成填写任务。在这样的情景中，学生接触目标语是从阅读报关单上的内容开始，通过表格填写，经历"读—说—听—写"的过程。而在目标语国家机场的情景中，填写报关表格是操目标语语言的海关工作人员所要求的，因此从海关工作人员的"说"开始，"说"被作为切入点，通过表格填写活动，学生经历"说—听—读—写"的过程。两种情景，语言技能的切入点不同，学生对语言使用的紧迫感和生存的需求感也不同。相比之下，目标语国际机场的情景从"说"开始，更能引起学生对交际活动的兴趣，增加技能交互运用的机会。苏联心理学家维果茨基于1978年指出，学习本身是一个能动的社会交往过程，在这个过程中，教师与学生之间的对话促进语言能力与听、说、读、写技能交融。学生仅有一个等待灌输知识的空洞脑袋是不够的，还要有认知的行为表现以及运用知识的能力。这样，学生才能够从活动中受益，教师才能够自然地将学生的语言能力和语言技能融合，最后实现有意义的交往。由此看来，有意义的交往是促进学生的语言能力和语言技能融合的重要保障。

二、突出交际，实行外语知识与外语技能交互

以交际为目标的外语交互教学中，技能培养是关键，但技能培养离不开对语言知识的学习和掌握，掌握语言技能和知识又离不开交互学习。从外语知识、语言技能和语言运用能力三者之间的关系来看，培养语言运用能力是外语的教学目标，语言技能是运用外语能力的必要条件，而外语知识是培养语言技能的必要手段。外语知识和语言技能之间的关系相辅相成，常常表现为以下几个特征：学习外语知识是学习外语的语音、语法和词汇，还学习外语语言的文化和

国情学，在国内的实践教学中主要是学习语法，即有关语言形式结构的规则；语言技能是个人正确使用语言的能力，在外语教学中指听、说、读、写能力；外语的运用能力是正确使用外语听、说、读、写技能的能力。人们平常说的运用外语，不是运用外语知识，而是运用外语技能。张正东指出，语言技能培养有两个模式，即"技能操练—知识归纳—运用知识、衍生技能"模式和"理解知识—运用知识、操练技能—内化知识、衍生技能"模式。两种模式都引入了外语知识的学习和应用，因此说，外语知识为外语技能服务，学好外语知识是培养外语技能的手段；学习听、说、读、写技能可以依靠知识以求事半功倍，所学技能是否正确也须应用知识进行检测。

培养语言的运用能力旨在培养学生运用听、说、读、写技能进行交际的能力，外语交互教学注重课堂教学中基于说的"互动"学习活动的设计，鼓励学生参与交际、积极使用外语知识进行听、说、读、写技能的学习与操练。

交互学习是培养语言技能的需要，因为学生在交互过程中需要运用外语的语音、词汇和语法知识进行听、说、读、写，在讨论中商榷意义、理解知识、表达思想。这时候，语法知识得到充分的学习与使用。像语言技能那样，语法也需要在交际的环境中学习与使用，因为学生在进行语言理解和表达时常使用已知的语法知识，学习新的语法知识，然后使用新学的语法知识操练听、说、读、写技能。培养交际能力不仅需要运用正确的语法规则，而且需要大量的外语语言知识，为了避免走入跨文化交际中的语用误区，还需要掌握外语语言的文化知识。因此，外语教学应该将交际与结构、意义与形式的学习相结合，实行"Learning through Language"（通过语言来学习）与"Learning about Language"（语言学习）的一体化教学。

三、多方位交互，实现教学过程中的诸要素一体化教学

外语交互教学要求外语教学过程中诸要素整合，实施集成教学。诸要素指的是教学目标、教学内容、教学方法、学习环境和教学评估。这些要素的制订、创建与应用不仅要从学生的实际语言能力出发考虑学生外语学习的情感因素，而且要考虑对学生外语的认知能力和元认知能力的培养。

学生学习外语，学习目标有明确和不明确之分，学习态度有端正和不端正之分，学习方法有恰当和不恰当之分，自主学习能力有强和弱之分，听、说、读、写技能的运用也有单项技能运用能力强和综合技能运用能力弱的差别。这些差别表现为学生在交际活动中对感兴趣的情景和话题思维敏捷、反应迅速、表达流利且准确，但是在不感兴趣的话题面前思维迟缓、语言表达生硬而且错误很多。

针对学生的这些问题，外语教学必须从学生学习外语的交际需要出发，融教学的诸要素于一体，并使学生与诸要素进行交互，必须推行"自由论坛教育"模式开展真实情景中技能的交互学习和使用，应该集听说的"听说领先"和情景中的句型操练、认知法的听、说、读、写整合、交际法的语言学习和应用以及建构主义的合作学习、意义建构、语境创建、自主学习、学生主体教师主导等理论于一体，坚持教学以培养交际能力为目标，为学生提供感兴趣的话题、合作学习策略和自主学习方法。利用计算机网络多媒体手段营造真实的学习环境，并根据学生的语言水平能力设计基于说的技能交互训练活动，使不同语言能力层次的学生都能够在有意义的交互学习活动中做到有话必说、有学必用。

四、精讲细练，融会贯通

"精讲细练，融会贯通"是指教师利用语境精心讲解语言知识，学生认真、仔细地跟着练习（如复述）直至学会。学生由于习惯于教师"把着手教"的传统教学法，在使用所学知识开展交际的活动中往往会产生畏难或者厌"说"的情绪。对于这些学生来说，教师可以从"听、说"入手，指导学生进行语言形式的学习（比如词汇和语义的分析）以及读写技能方面的操练，然后提供情景和话题，引导学生进行有意义的输出训练。学生通过边学边练、边练边用，不断提高听说能力，而且还能培养读和写的能力。

听说活动本身就是一种听话者和说话者之间的言语交互活动，这种言语交互需要通过开展合作学习来促成。合作学习活动的目的是在课堂上营造轻松的气氛，通过合理地运用教材，开展讨论、表演、想象等方式促进学生的言语交互和发散性思维，从而激发学生开口说外语的主动性。就激发学生的想象力而言，美国教育学家里弗斯提出了以下六种活动方式：

1. 学生活动由已知向未知延伸。

2. 所涉及的问题具有模糊性。

3. 所有符合逻辑的答复都予以接受。

4. 角色扮演得到普遍使用。

5. 听力技能在活动的若干环节发挥着关键性作用。

6. 教师将活动组织起来之后需要隐退下来，学生讨论之后由教师汇总叙述。

实践表明，学生说口语的方式，有读中说、写中说、译中说和听中说。但只有听懂了才能够说，所以，理解在先，表达在后，而讨论，则寓说于理解的过程之中。

外语教学一贯注重理解能力的培养，阅读过程中学生与读物的交互促进学生对读物的准确理解，真实的读物又促进交互的有效进行。在交互性阅读教学中，诗歌常常被用作真实的阅读材料。教师可以让学生以小组为单位阅读两篇内容相关的诗歌，随后让他们讨论诗歌的主题思想、写作风格、句子结构、标点符号等，比较、分析两篇诗歌的共性与差异；也可以将学生组成两人小组，一人朗读，另一人表演，理解诗歌的意思；或者组织各小组通过做单词替换、完形填空、句子翻译等练习增进对诗歌的理解。然而，交互不仅仅表现在"读"上，还表现在"写"上。一般说来，学生如能将自己的作文交小组讨论，并且主动采纳修改意见修改自己的作文，他们的写作能力就能够随之得到提高。写，不是学生的个人行为，而是学生与写作主题、学生与学生、学生与教师之间的交互行为。写作可以是学生单独写，或者与小组成员一起写。学生可以围绕教师写在黑板上的作文题目或者展示的实物开展小组讨论、磋商意义，随后独立写一篇短文或故事，或者按照第一个学生写的句子意思接着轮流往下写句子直至完成，最后每小组派代表向全班口述小组作文的内容。显然，无论听、说、读还是写，都会遇到语法和词汇方面的语用误用问题。

那么，如何传授语法和词汇知识呢？就拿口语教学来说，里弗斯提出交互性语法口语的练习方法。里弗斯认为：对话练习（如按图示对话）有一定形式的对话格式，能够使学生有针对性地使用某种语言形式；诗歌练习中有诗歌朗诵、表演等活动，这些活动能使学生反复使用某一语法项目；招聘面谈、信息采集等练习活动以问答方式进行，适用于各种疑问句形式的操练。交互性语法口语练习法以学生为中心，以教师为组织者、鼓励者和指导者，使语法学习成为一种有意义的社交活动，使学生在社交活动中通过运用语法来掌握语法规则。

五、潜移默化，自然应用

"潜移默化，自然应用"是指学生在与同伴开展合作学习的过程中，通过对同伴的正确使用语音、词汇和语法知识的观察、体验和思考，产生学好英语的愿望，增强对语言形式的认知以及对听、说、读、写技能的运用感受，并通过在教师提供的真实情景中实践，培养起自然运用语言的能力。美国教育学家阿什尔指出，二语学习就像母语学习那样要经历一个"沉默期"，在这个"沉默期"中，学生只是输入知识、理解知识，不进行口头输出。我们知道，儿童在学会说母语之前都有一段相当长的"沉默期"，一旦到了说话的年龄，即获得说的能力时，就能够与其他人进行自然的言语交流了。阿什尔认为，从生物学的角度来看，人脑和神经系统按照特定的顺序和方式编程并进行母语和二语的学习，还认为语言学习需要经历一段"沉默期"，如果希望轻松愉快地学习二语，就得使用一种与生物系统相适应的学习策略。外语交互教学提出"潜移默化，自然应用"教学法，主要是认为当学生处于学习语言的"沉默期"时，应当让学生参加合作学习的活动，引导口语能力较差的学生交互使用听、读、写技能进行知识的可理解性输入，同时，鼓励他们与语言能力较强的同伴们对话或交际。长此以往，在同伴们的潜移默化之下，口语能力较差的学生能够自然地开口说外语，逐渐培养起外语的运用能力。为此，"潜移默化，自然应用"的教学法注重使用自然法。

自然法最早由美国的克拉申和特雷尔提出。该教学法主张听、说、读、写技能融合，突出口语技能训练，认为口语技能训练分为理解、早期的口语输出和口语产出三个阶段，在教学上坚持以下四大原则：

第一，理解先于产出。有理解才能有意义的输出。对于交际活动中语言能力较弱的学生，教师可以根据学习内容在教室中创设真实的情景，尽量发挥外语语言能力强学生的口语优势，与他们开展像外语国家人们说外语那样的对话，允许语言能力较弱的学生"沉默"。虽然这些学生在交际中"沉默"不说话，但是，他们在"沉默期"中由于大量地阅读外语资料、聆听教师和同伴们的流利对话等而输入知识。在输入知识的过程中，教师可以采用全身反应法增强学生对知识（特别是概念）的思考、认识和理解，最后鼓励学生进行知识的输出实践。这时的教师对学生起着积极的主导作用。

第二，语言输出（即"说"）分阶段进行。可以从最初的非言语交际阶段开始到一个单词，然后再到两三个复合词，再到短语和句子，最后到完整的一段话结束。学生像儿童开始说话那样，到了一定的阶段自然就能够说外语。但在说的过程中不免出现许多语言错误，这些错误应予以间接纠正（如示范型，即 modeling）。语言输出重在交际，交际时教师和同伴们的正确发音，所使用的正确词汇和语法都是学生自我纠正错误的典范。随着学生自我纠错意识的增强，学生用于口头表达的语言将变得更加规范。

第三，教学组织以交际为目标。教学可以围绕讨论学生感兴趣的话题或情景（如教室中实物讨论、运动会、旅游等）组织设计；讨论不仅能够引入语法的学习，还能够促进语法知识的习得。

第四，交互活动设计注重情感因素。学生学习外语时常常带有紧张、焦虑的情绪，只要学生投入感兴趣的学习活动中，这些不良的情绪就会消失。因此，全身反应法、音乐、诗歌、角色扮演等方法以及计算机网络多媒体和其他实物常常被用于外语教学之中，以活跃课堂气氛、提高学习兴趣、增加学习的真实性，从而促进目标语的习得。

综上所述，外语交互教学以培养语言的应用能力为目标，交互使用教学方法和手段，促进外语语言的学习与使用。同时，坚持从口语交际出发，以听、说、读、写技能为整体开展以学生为中心的语言交互学习活动，充分体现学生在活动中的主体地位，以及教师的主导作用。

六、注重课堂教学与课外网络学习整合，切实推进课内外的交互学习

在我国，教室是外语学习的主要场所，人们习惯上把教室里的教学称为第一课堂教学，把课外的外语学习称为第二课堂学习。外语教学活动包括课堂教学和课外学习两部分，课堂主要进行知识和技能的交互学习与操练，课外主要巩固课堂知识，并使用课堂知识开展拓展性学习。也就是说，第二课堂是第一课堂教学的延续，是对第一课堂知识的实际应用，第一课堂与第二课堂在教师的"教"和学生的"学"方面具有交互的关系。随着计算机网络多媒体手段在外语教学中的引入，课内外的交互性教学活动更加丰富多彩。

外语教学是一个传递信息、理解与表达、人际合作的交互过程。对于学生的交互学习而言，合作学习是他们所采用最为有效的学习方法之一。里弗斯认为，当学生把注意力都集中在真实信息（即听话人和说话人在对双方都很重要的情景中传递和接收双方感兴趣的信息）的传递与接收上获取使用语言的能力

时，最容易产生交互。英国语言学家约翰·威尔斯指出，信息的内容就是情景的一部分，交流是言语的基本单位。言语交互，无论是口头交互还是书面交互，都是一项建立信息传递者、接收者和情境三者之间相互关系的合作性活动。交互不仅要表达自己的思想，而且要理解别人的思想，从而形成一个"我听—你答、你听—我答"的交互关系以及"听时注重语义内容，说时重视语法形式"的学习方式。威尔斯认为，学习者在听说活动中会遇到理解困难，但能够通过交互学习以及在交互中借助实物、真实的情景和其他非言语交流工具等方法来解决这些问题。在现阶段的英语教学中，现代教育技术被运用于英语虚拟现实环境的开发与建设，极大地改善了过去单一的学习条件，从而为学生提供感受英语学习和使用的真实环境。学生无论在第一课堂上还是在课外的网络环境里都能够有机会学习交流（或交际），经历听别人说，与别人讨论、磋商意义的合作学习过程。

合作学习促进学习过程中的多方位交互，是整合课堂教学与课外学习，培养学生英语交际能力的方法与策略。学生在课堂上可以通过双人合作学习查找阅读段落中的核心句、生词和难句，或者开展以掌握会话策略为目标的单项角色扮演；通过小组（4~5人学习活动）开展基于主题任务的信息收集、讨论、辩论、阅读资料评析、写作草稿互评、互改等；通过大组学习活动（多为全班性的口头表述活动）进行小组学习结果汇报与交流。这样，外语课堂便成为具有双重特征的新环境：学生学了词汇、语法之后，要接触跟所学外语相联系的外来文化，又要用它进行师生间的相互交流。学生在课外网络环境下开展英语的合作交互学习成为英语第二课堂的重要教学方法和手段。网络环境分内部环境和外部环境：内部环境下的交互学习对象主要是学生与其同小组成员、学生与同班同学或学生与教师；外部环境下的交互学习对象主要有学生与国内外合作院校的学生、学生与通过互联网建立的网上合作学习伙伴等。由于外部环境的存在，网络环境下的交互学习者可以说来自不同的国家和地区，具有不同的文化背景。毫无疑问，网上合作学习能够帮助学生增加学习兴趣、拓宽知识面、提高交际能力，但是所采取的文化多元化言语方式往往由于交互者之间的文化差异而造成理解上的误解。要避免这些误解，就必须加强英语语言及其文化知识的传授，提高学生对母语与目标语在语言和文化方面存在差异的意识，运用纠错策略帮助学生克服英语的语用误用问题。在单元的教学内容设计上，尽量通过以下几种方法促进课堂教学与课外自主学习的融合：

以课堂教学主题为核心，引导学生博览文献、结交笔友、访谈外教，从而了解西方文化，加强对西方文化的意识。

建立第二课堂外语活动中心，为学生提供更多接触英语的机会，加强学生英语技能的运用能力训练。

开发基于校园网络的外语学习平台，利用网络即时交流工具，设置语音和文字交际功能以及语音录音功能，使学生在跨文化交际过程中体验语言的真实性，在提高听、说、读、写技能的同时学习语音、词汇和语法知识，在使用语言知识和技能进行交际的同时学习英语文化知识。

第三节 交互式大学英语教学策略实施

一、师生交互

（一）师生交互的意义

阅读教学的主体由创作主体、教学主体和学习主体三大要素组成。创作主体是指文本作者，他的创作是为了表达自己的思想情感，与别人进行交流的一定社会背景下的产物；教学主体是指教师，他们对文本有独立的理解并且直接对阅读活动起组控作用；学习主体指的是学生，这是三大主体中最重要的要素，学生是学习的主人，在阅读作品时要根据自己的体验和感悟来建构文本的意义，实现个性化阅读。三者通过对话、交流，相互作用，辩证地统一于教学活动中。

基于交互原则的阅读课堂上，师生关系不再是单一的"施教者"与"受教者"，而是双向交互、共同参与、平等对话的双方。巴西学者巴尔罗·弗雷雷指出，通过对话，教师的学生及学生的教师等字眼不复存在，新的术语随之出现：教师—学生（teacher-student）及学生—教师（student-teacher）。教师从过去绝对的控制者转变为课程的协调者和课堂活动的组织者：课堂上，教师把握整体方向，按实际需要协调课程计划，控制课堂基本进程，合理安排时间，给学生制定阶段时间内的学习目标；教师更是调动学生积极性的促进者，要设法构建一种利于学生身体力行地参与教学活动，独立探索求知的平台。

由于阅读教学对话的隐性因素，不同的读者对同一文本的阐释各不相同，所以在展开对话的过程中会伴随着许多不确定因素。因此，"教师要淡化课程执行中的预定性和统一性，注重对话过程的再生性和多元性"。那么，教师要组织什么、引导什么呢？教师在阅读教学中并不是为了制造对话的形式，而绞尽脑汁地组织和引导学生进行表面看起来热闹的对话那种"对话效果"是没有多大价值的，而是要多加思考诸如这样的问题：怎样使学生拥有与文本对话的能力（基础知识、思维水平等）？怎样才能增强学生的对话兴趣？怎样使对话顺利地进行？怎样才能使对话成为学生的阅读习惯？

（二）三个阶段的阅读活动

参照里弗斯将阅读活动分为读前、读中、读后三个阶段的理论，我们将分别讨论这三个阶段中如何实现师生交互：

1. 读前活动

根据维果茨基建构主义理论核心观点，教育就是赋予受教育者独立思考的能力，强调学习者将自身经验带进学习过程，成为积极的意义建构者和问题解决者。其实践方法是教师以解决问题的形式向学生提出问题、概念、论点等，而问题的答案则由学生去探究。其学习理论奠基人瑞典学者让·皮亚杰指出：知识是个体在与环境交互作用的过程中逐渐建构的结果。在课堂教学过程中，教师和学生是教学的双主体。教师的作用是创设一种让学生能够独立探索的情景，而不是提供现成的答案。知识的建构要通过互动才能实现，真正有意义的学习发生在所学内容具有个人相关性和学生主动参与之时。

因此，读前活动的主要目的在于寻求学习者的积极参与、激发阅读兴趣、增强阅读动机、有机地综合概念性知识和语言性知识、激活学生有关语篇的图式知识以及进行必要的语言准备等。教师在阅读前要围绕内容预测、话题讨论、话题联想、关键词引入等几个方面，通过提问、讲故事、设置悬念、介绍情景、联旧引新、推人及己等各种形式，尽可能提供与文本有关的内容图式、结构图式和文化图式，以激活学生头脑中已有的种种图式知识，同时设置情景启动，逐步扩大深入，为学生创造输入新知识的期待。

需要强调的是，交互模式阅读教学中，"提供"是一个广义的范畴，其形式应该根据不同的文本特征进行大胆的变换，选取不同的切入点，并且应尽量以任务的形式引导学生自己去取得必需的图式知识而并非一味地包办代替。不妨以课前任务的形式引导学生自己动手调查、阅读相关资料，构建有效的图式知识：如果文本是名人名篇，要侧重要求学生在读前就了解作家的独特风格、作品的基本情况、创作时的社会历史背景等；如果是科技小品，则要求初步领会其中涉及的基本科学概念；文本中具有特定文化含义的语句同样是读前活动不容忽视的要点。教师也可以在读前辅之以音像、幻灯片等更为直观的手段激发学生兴趣、促进其联想、参与，激活他们已有的、能帮助他们获取阅读成功必要的图式知识。总之，教师应设法运用多种手段使学生设身处地地感受和体验作家所处的时代背景、作家要表达的思想和作家的情感世界，体会作家的创作风格及创作意图，从而为高质量的阅读奠定基础。

2. 读中活动

阅读中，教师的主要目标是帮助学习者交互使用自下而上阅读策略和自上而下阅读策略，一方面协助学生掌握文章的词汇、语法、遣词造句的技巧，以及谋篇布局的组织和技巧。另一方面帮助他们不仅理解字面之意，更要理解言外之意，并大胆地结合自己已有的图式知识和经验作出个性化的推论，从而达到既学习语言知识又全面理解语篇的目的。

该阶段师生互动的主要形式，是教师始终将学生置身于各种问题中，促使他们通过回答、解决问题来完成任务。当学生带着任务阅读时，他们的目的性更强，思想更集中于与自己的任务即阅读目的相关的内容，从而提高阅读的效率。可以从以下几方面入手。

（1）语言训练：语言训练不是针对意义理解，而是通常在没有彻底理解篇章的情况下就可以进行的练习，主要涉及词汇、表达及语法方面的基础知识。务必注意训练形式的多样化、避免单一枯燥的重复，应把复杂的技能训练分散成简单灵活的小型练习形式。

（2）理解文本的表层含义：帮助学生在辨析指代词汇的具体含义、识别衔接手段、理顺篇章结构的基础上理解文本基本含义。这样既能促进语言逻辑能力的培养，又能为学生写作的谋篇布局打下基础。

首先要求学生完成主题阅读任务，指导他们运用略读策略，快速阅读全文，学生能厘清文章的写作顺序、段与段之间的衔接和过渡，以及文章的线索和主题思想即视为阅读成功。

其次，阅读的任务是信息阅读，教师可通过预设目标，引导学生运用寻读策略，观察和提取与主题密切相关的具体信息，并加以理解，然后回答问题。例如，记叙文中故事的发生、发展、经过、结局等，科普题材中说明对象的形状、大小、性质、特征、功能等，议论文中议论的中心等。教师可以采用让学生判断是非，或找出段落主题句、中心词，或排列故事情节的先后顺序等形式来突出重要的文本信息。在这一教学环节中，教师要对课文的语言难点加以解释，以帮助学生正确理解词句的意思，掌握语言基础知识。初读时只需要依据篇章中显性的信息即"浮在水面上的八分之一",找出构成小说的诸要素即可。展示性提问通过检验的方式来加深学生对语篇的语言、语法和表层含义的理解,为学生提供可理解输入和简答的机会,在锻炼学生口语的同时加深他们对词汇、短语的掌握和记忆。

(3)理解课文深层意思

这一阶段的阅读要对课文内容作深层次的探究,它要求学生不仅要通过词汇、语法、句子等手段自下而上地解码语篇、理解字面含义,还要利用作者所传递的信息,凭借自己已掌握的有关背景知识和社会经验,自下而上地进一步理解和吸收读物中没有明确表述却又与主题有联系的思想与信息,即"弦外之音:深层理解是一种合乎逻辑的、超越读物文字符号所传递的信息而进行的推理性、创造性思维活动。

因此,这一阶段互动的形式就是教师着眼于文章的内涵挖掘话题,培养学生以开放的眼光对课文从各个角度进行思考、探讨,或肯定,或否定,或质疑,或超越地大胆表达自己的观点,逐渐培养学生的创新意识,鼓励个性的发展。同时教师要提醒学生注意,创新是以文本为基础的创新,而不是天马行空的想象,并协助学生从文中寻找线索,比如关键词、主题句、上下文语境等来仔细推敲和揣摩,领会其中的寓意来支持自己的理解。

这一阶段教师应适当地提出参考性问题,即课文中没有给出明确答案的问题。与展示性问题相比,由于这类问题需要学生深入思考,因此可以更加有效地培养学生的创造力,更能启发他们积极思索、努力用目的语交流思想。需要注意的是,使用参考性问题须考虑学生的语言能力、知识水平和语篇的难易程度。可以事先布置类似问题让学生有所准备，并在提问时注意控制问题的范围，尽量提具体的问题。

3. 读后活动

读后活动的任务是学习者在对篇章信息进行归纳和总结上，将个人的经历、知识、思想同课文中所获得的信息综合起来，进一步丰富原有的相关图式知识，对文章做出个性化的判断，在提高深层次理解和评价文章能力的同时也获得运用英语进行交际的能力。这一阶段的操练要突出知识的综合性和语言的交际功能，要让学生在理解的基础上进行创造性的练习，从而培养学生运用语言的能力。学习者应参与一些能够使阅读与语言其他技能结合的活动，教师可以采用填空、复述、辩论和讨论等形式让学生进行训练。教师可根据课文题材、篇幅、难度的不同设计多种复述形式。此外，读写活动、回答不同出处的问题以及讨论等等都是对文字材料语言形式和思想内容的有益梳理和练习。读写活动把学生由单纯的信息接收者转化为信息产出者，这一角色的转换促使他们对学过的知识进一步内化，勾勒文字材料的组织结构、总结文字材料的中心思想；缩写改写原文等既是对学生阅读效果的检查，又是对他们写作归纳推断能力的促进；回答不同出处的问题旨在提高学生对文字材料的细节辨认和归纳推断力，精心设计的问题与文字材料内容密切相关，但覆盖面广、内涵丰富，学生要在规定时间内找出分散在文字材料各处的答案并加以整理，然后用自己的语言加以表述，这样学生不但复习了文字材料的组织结构，也更加深切地体会到了它的内容层次；读后讨论开阔了学生视野，教师选取与文字材料主题相关但没有答案的话题让学生分组讨论，大家各抒己见，思想感情得以交流，然后各小组总结讨论结果，推选代表进行陈述，讨论作为阅读过程的延伸为学生今后解读相似的文字材料存储了丰富的知识。这一阶段的活动集中体现了活动的交互性、语言技能的综合性和知识运用的灵活性，是最能反映出阅读是否具有交互性的阶段。

二、学生和文本的交互

（一）学生和文本交互的意义

对学习的最终结果起决定作用的是学习者本人，任何成功的教育必须充分考虑到学习主体的能动性，因此学生和文本的互动是交互性阅读理论的重点。交互理论认为阅读理解的过程始于作者编码而成的语言表征，终于读者构建意义，之间为语言与思维的相互作用。图式理论则认为"新的信息、概念和思想只有与个人已知事物产生联系时才有意义"，阅读意义的建立不完全依赖于对语言本身的理解，无法脱离读者而独立存在。事实上，阅读过程中读者的主观能动作用至关重要，读者与语篇间不断地相互作用才能建立完整的意义。

学生作为个体，有着个人独特的接受过程和规律，学生和文本的对话就是要充分发挥个体的主体能动性，主动与文本进行交流，通过对文本的阐释而不断地反思自我、丰富认识。文学作品一旦创作出来，就拥有了独立的生命和意义，而不完全以作者原意为转移。语言独具魅力的张力在于其模糊性，作品的"不确定点"或"未定点"促使读者参与作品意义的构建，使双方对话成为必须。文本给学生提供了广阔的自由解读空间，向学生开放，学生从自己的视界出发，把主观认识注入作品中，赋予文本新的意义，而且随着学生视界的开阔，文本的意义常读常新。

尽管我们鼓励学生个性化、多元化阅读，但要注意度的把握。学生和文本的对话毕竟要建立在对文本本身意义的理解上；教师要引导学生以"原始读者"的身份，设身处地地感受和体验作家所处的时代背景、作家要表达的思想和作家的情感世界，从而体会作家的创作风格及创作意图。这样才能防止学生对文本解读的诠释过度，以致扭曲了文本的真实意义，出现"无意义"的对话。

（二）学生和文本交互的策略

关于阅读教学中对话的组织和引导策略的研究很多，如问题法、讨论法、质疑法、创设话题法等等。但无论是何种策略和方法，都不要忘了阅读教学对话的目标是提高学生的自主阅读能力、提高学生的对话能力，使学生得到知识的增长和情感的熏陶。学生与文本的对话，应当是自上而下策略和自下而上策略交互作用的过程。

1.词汇层面的交互

对于文章中出现的生词可以采取三种策略来理解：一是利用构词法信息（word building）来判断，适用于带有明显词缀的单词，如 anti-、pseudo-、-less、-ism 等；二是利用上下文语境信息来理解。不少英语词汇词义概括性较强，伸缩性很大，极易受语境的制约，剥离了上下文就很难做出正确的判断，所以要根据上下文来确定。我们可以利用句中的同义词、反义词、修饰成分、同位成分、语法知识和上下文等推断出一个词在句中的意思。如 "If nominated，I will not run；if elected，I will not serve"，只有充分依靠上下文的 nominate 和 elect 才能判断出 run 在此处的具体含义是 compete for，竞选的意思。如果上述两种策略均不奏效，可以尝试直接跳过。因为如果该词汇足够关键，那么从上下文中可以大致猜出，如果没有足以提示含义的语境，则说明该词汇并不属于影响理解的重点词汇，根据效率原则是可以跳过的。

2. 语句层面的交互

涉及句法和语义之间的交互。首先要按一般的语法和句法知识确定语句的表层意思，根据句法衔接手段（包括语法、词汇、逻辑联系语以及语义上的意涵等）厘清各短语、分句之间的逻辑关系：是因果还是假设，是类比还是对比，是顺接还是转折，是并列还是递进，是归纳还是演绎，等等。然而理解仅仅停留在句子的表层、显性、孤立的意义远远不够，因为语篇不是独立句子的任意堆砌，构成语篇的句子必须在意义和结构上都是互相关联的。语篇不仅包括个体语句的含义，而且涵盖了它们之间因为相互联系而产生的，对完整理解不可或缺的深层、隐性、相对的意义。也就是说，语篇的阅读理解不仅是一个句子结构、概念意义和对世界知识的一般认识问题，而且还是对深层含义的把握问题。对处于语篇表层语篇连接手段的识别，往往影响语篇深层的了解，也往往是读者对语篇深层加工的着眼点。

3. 篇章层面的交互策略

语篇是作者与读者心理互动的产物，读者的提问和期望与作者的回答和对期望的满足是语篇连贯的起点和终点。这种心理上的互动关系是语篇连贯的关键所在，因为无论作为读者还是作者，都要以对方为对象建立一种心理互动关系，为语篇连贯性奠定基础，继而达到相互沟通的目的。

（1）预测策略和期待策略

学生在阅读新的语篇前已经具备自己的知识框架和理解结构，而新的作品会唤起记忆，形成期待，这使得预测策略和期待策略的使用成为可能。预测策略是指读者根据阅读材料的内容所提供的线索，如标题、结构、开篇、上下文等，运用自己的知识和经验，预测下面将要发生的情节、产生的结果或引出的结论。预测需要读者具有与文章相适应的必备知识，对作者的思想、意图设定一定的值。期待策略是学生对语篇的发展做出一定的假设，从而对语篇建立起即时（immediate）回答期望和延时（deferred）回答期望。注意不同类型的语篇使用不同的期待策略，例如在科技、历史、说明文等类型的语篇中，可以侧重于依据事物发展的逻辑关系、时空概念等为主要手段建立期望；在文学语篇中，学生不仅要依靠语篇展开的时空关系和逻辑关系，而且还要在具有足够背景图式的基础上，通过发挥一定的想象力来实现自己对语篇的回答期望。因为不同于说明文，文学语篇作用于读者的目的不仅仅是让读者获得新的知识，还在于它的功能意义，即激起读者的共鸣，使读者体会到自己内心的爱与恨、欢乐与悲伤，进而影响读者自身的价值取向。只有通过以背景知识为基础的合理想象，才能对语篇的深层意蕴、思想倾向、审美情趣等形成良好期待。

（2）推断策略

推断策略是读者将来自文本的显性信息如主题知识、上下文语境知识等进行综合分析，体会字里行间的含义及作者没有直接言明的观点做出推断，从而获取隐性的语义信息。推断策略要求读者在大脑中进行一连串复杂的逻辑思维活动，以已知的知识为依据，做出合理的联想，对语篇没有明确表达的意思进行合乎逻辑的推理。推断不是脱离语篇凭空的臆断，必须以字、词的原义和引申义、语句之间的逻辑关系和作者的意图等为依据。

具体而言，阅读中的推理包括连接推理和阐释推理。

连接推理是指通过推理把语篇各个部分连接为有机整体。如前所述，一方面我们可以通过显性的衔接手段加工语篇，把握语篇中句与句之间、部分与部分之间的联系，形成内容连贯的整体意象。同时，在缺乏明显直接连接信息的时候，就需要通过推理创造出新的信息，以便连接内容、形成意象，否则会打破对语篇的整体理解，只获得支离破碎的片段。

阐释推理是通过推理把语篇写得微妙又隐晦、没有明说的内容阐述清楚，从而获得对语篇丰富而深入的理解。

在理解作者的意图方面，除了了解文章的背景和题材外，还要把握作者的笔调（tone），即书面语言的"声音"。由此我们可以从作者的笔调中把握其感情、态度、立场和观点。例如，在句子结构方面，句子的长短和安排有助于烘托气氛和表现文章的笔调：短促的句子容易造成一种动感，显示出激动的心情，也常常造成一种悬念，而悠长的句子则给人以舒缓与宁静的感觉。在表现作者态度方面，如果作者充满了乐观与自信，那么他所用词语将会是明快而华丽的；如果其态度是酸楚的，那么他的用词和笔调也将充满痛苦或嘲讽的味道。

三、学生和学生的交互

（一）生生交互的意义

1980 年中期，帕林克萨和布朗两位美国学者发现维果茨基的"最近相邻区"理论可以用来解释交互教学的成功。最近相邻区是指学习者实际发展的水平和潜在发展水平之间存在的一个差距。前一个水平取决于其独立解决问题的能力，后一个水平指在成人指导和与更有能力的伙伴合作能够解决问题的能力。学习的发生与成人之间、同伴合作密切相关，不同水平的学生在完成任务的过程中交流合作，其中能力较弱的学生总能受惠于知识、技能优于自己的学生。集体动力理论则更强调集体动力的优势。集体动力即来自集体内部的能源，集体内部成员的良好合作对每个成员产生多方增值效应。既然每个学生具有不同的知识结构、思维方式和认知风格，那么互动合作就可以取长补短，发展和共享彼此的专长，依靠小组力量解决个人难以解决的问题从而产生新思想。

与师生之间的交互相比，学生之间的交互似乎具有特殊的促进作用。首先，这种交互活动尤其为内向胆怯的学生提供了更多机会，降低其情感因素中的焦虑感，毕竟与同伴的交流比与老师说话要承受的压力更小，更轻松；其次，这种活动更能使活动参与者产生大量有利于语言习得的交互修正；最后，学生之间的互动还能培养他们倾听、理解他人的社交素养，从而提高交际能力。

在具体的阅读教学中，生生互动显得尤为重要，这是因为：

不同学生对文本意义的理解在范围和程度上存在差异。不同的理解会使每个学生产生内部的认知矛盾，从而引起每个学生内部知识的重新建构。每个学生都彼此拥有他人的片段信息，由此引起同样的情感与经验，产生知识。这可以使每一个学生在比较中发现不同于自己见解的意见，在聆听别人的观点后，以批判的眼光比较自己与他人观点的异同，既要分析"自我理解"存在的合理性，又要分析自己与他人理解之间所存在的差异。而且学生之间的互动少有心理上的距离，他们会追问对方理解中的疑点，所以彼此对话中产生的大量批判性信息就会把话题引向深入，最终将他人观点的合理成分融入自己的理解中。这样一来，来自他人的信息被自己吸收，自己的既有知识又被他人的观点唤起，就产生了新的思想。所以互动沟通超越了单纯的意义传递，而具有重新建构意义、生成意义的功能。

在对话互动中，学生听取他人的发言，是一种接收外源信息的"外对话"，反思自己的理解，是回归自身的"内对话"。这两种对话空间除了帮助文本理解之外，还促使学生发展反思能力，能逐渐形成对自己阅读能力有效的监控能力。

在生生交互的教学活动中，不是少教学生的话语机会，而是一个集体去分享活动，去共创活动。参与对话每一方的地位都是平等的，所以每一个学生所发表的观点不存在权威与绝对正确，而是在并列平行中交叉、融合。所以不论是优等生还是差生，都会在交互中获得自我实现的可能性。

（二）生生交互的组织形式

1. 双人互动

双人互动是一对一非常密切的交流合作过程，其最大特点就是形成了一种无法推卸责任的合作共同体。学生在双人互动的学习中，时刻承担着其中一个必不可少的角色，少了其中任何一方，交流就无法进行。双人互动易组织，不受客观空间的影响，因此，在互动式英语阅读课堂上，教师应积极鼓励学生进行双人互动学习，如相互讨论段落大意、相互问答、相互订正、相互评估等互动活动。但是在双人互动学习的过程中，教师要注意学生的差异与个性，避免两个内向、被动的学生组成搭档，要尽量搭配适当，形成相互带动关系。在学生互动过程中，教师要多给有困难的学生提供帮助，促进全体学生共同进步。

2. 小组互动

小组互动一般是由四到六个程度各异的学生组成一个单位，共同完成一项学习任务而采用的合作、互动形式，以 10 分钟左右为宜。小组互动可以实现信息共享、激活思维，与同伴互动减少了焦虑，使得水平较低的学生心情也很放松，积极参与到活动中去。

需要强调的是，小组活动不能放任自流。教师在设立学习任务时，要考虑组内任务的分担，既要以轮流发言的形式保证组内成员全部参与，又要确立活动负责人，进行监督和记录。教师要巡视各组的讨论情况，给予必要的帮助，督促其参加讨论。教师要为每个小组预备好机动的学习任务，使其不打扰其他小组。

3. 组际互动

组际互动是在小组内独立互动的基础上，开展组际交流、组际竞争的交往互动形式。在小组讨论后进行组际交流也就是组与组之间进行信息分享。在互动式阅读课堂上，教师先把全班学生分成若干小组，让各小组成员进行讨论归纳，然后让讨论比较成熟的小组代表发言，汇报该组得出的结论，其他各组作出质疑、补充和评价。也可以由各组提出本组的疑难问题，组际之间进行讨论、解答。这些方式都会促成组际之间进一步的讨论交流，以达到多种观点的聚集和碰撞、深化和提升。在他们讨论的过程中，教师要做好调控，让学生的讨论始终围绕中心话题，突出关键问题。组际互动将个人之间的竞争转化为小组之间的竞争，有助于培养学生的团队合作精神和竞争意识，同时也有助于因材施教，可以弥补一个教师用同一方法面对众多学习程度有差异的学生进行教学造成的不足，真正实现每个学生都得到发展的目标。

活动开始前，教师要精心设计互动活动的任务，根据具体语篇来设计与之相适应的、能充分调动学生积极参与的形式。总之教师要在充分考虑学生对文本的适应性、文本和学生的关联程度等的基础上创造情景条件，激励生生互动，最终培养起创造性使用语言的能力。活动结束后，教师要不失时机地进行引导，共同归纳所学知识。

参考文献

[1] 李晓玲.大学英语教学方法研究 [M].西安：陕西科学技术出版社,2020.

[2] 张朝霞，周晓琴，杨丽娟.大学英语教学方法理论与实践新探 [M].北京：中国书籍出版社,2021.

[3] 张墨.信息时代背景下大学英语教学方法整合新探 [M].长春：吉林出版集团股份有限公司,2021.

[4] 付素萍.大学英语教育教学方法研究 [M].长春：吉林大学出版社,2022.

[5] 吴美兰.大学英语教育的教学方法和探索 [M].天津：天津科学技术出版社,2018.

[6] 高凤琴，陕晋芬.当代大学英语教学理论阐述及方法运用 [M].北京：中国书籍出版社,2019.

[7] 黄雅彬.大学英语教学方法与策略研究 [M].北京：中国建材工业出版社,2024.

[8] 卢杨，夏蒙.大学英语教学方法与策略研究 [M].延吉：延边大学出版社,2022.

[9] 王林，魏丽丽，杨娜芝.大学英语教学方法与课程设计研究 [M].延吉：延边大学出版社,2023.

[10] 刘琼.大学英语教学方法与策略研究 [M].长春：吉林出版集团股份有限公司,2023.

[11] 刘应红.基于产出导向法的"大学英语"教学方法探究 [J].教育教学论坛,2023,(37):153-156.

[12] 武晓燕 , 施洋 , 金国臣 . 基于翻转课堂理念的大学英语教学方法与策略研究 [J]. 林区教学 ,2023,(2)：87-90.

[13] 傅文 . 基于批判性思维能力培养的大学英语教学方法 [J]. 海外英语 ,2022,(6)：128-129.

[14] 黄静雯 . 建构主义学习理论对大学英语教学方法的启示 [J]. 内江科技 ,2021,(9)：152-153.

[15] 庞海榕 . 英语语音教室建设下的大学英语教学方法探索 [J]. 科教导刊 ,2020,(29)：145-146.

[16] 李倩 . 基于输入驱动和输出反馈的大学英语教学方法研究 [J]. 海外英语 ,2023,(2)：101-103，118.

[17] 秦丹雪 . 当代大学英语教学方法创新与实践发展探究——评《大学英语教学方法理论与实践新探》[J]. 人民长江 ,2023,(7)：248.

[18] 袁琪玮 . 建构主义教学模式指导下的大学英语教学方法 [J]. 海外英语 ,2019,(4)：150，152.

[19] 魏欢 ."互联网＋"视域下大学英语教学方法探讨 [J]. 海外英语 ,2020,(13)：124-125.

[20] 魏辛 , 邱玲玲 . 大学英语教学方法的创新研究 [J]. 教育教学论坛 ,2018,(36)：107-108.

[21] 霍颜艳 . 大学英语教学方法探究 [J]. 吉林广播电视大学学报 ,2012,(2)：124-125.

[22] 王晓璐 . 基于思辨能力培养的大学英语教学方法实证研究 [J]. 科教导刊 (电子版),2019,(31)：212.

[23] 徐丹 . 医学人文教育融入大学英语教学的方法探析 [J]. 中国继续医学教育 ,2019,(27):

46-48.

[24] 王旭 . 大学英语教学方法改革探索 [J]. 佳木斯职业学院学报 ,2015,(7)：196.

[25] 王莹 . 思想政治教育融入大学英语教学的方法与途径 [J]. 林区教学 ,2019,(5)：78-79.